Cooking Sense 12

다이어트
샐러드와
소스 만들기

배태자 지음

salad & sauce

예신 Books

이 책은....

- 모든 요리는 2인분을 기준으로 하였습니다.
- 레시피에 쓰인 1컵은 200cc, 1큰술은 15cc, 1작은술은 5cc입니다.
- 레시피 중 약간이라고 표시한 것은 기호에 맞게 넣으시면 됩니다.
- 소스는 책에 소개한 분량의 재료를 믹서하면 간단하게 완성됩니다.
- 주변에서 흔히 구할 수 있는 재료만으로 만들었습니다.

책을 내면서.....

새로운 소스를 만들어 맛을 보고, 맛있다는 느낌이 들 때의 행복감은 이루 말할 수 없을 정도로 크다. 주변에서 자주 하는 질문은 만들기 어렵지 않고, 간단하면서 깔끔한 소스가 없느냐는 것이다. 그래서 흔히 구할 수 있는 기본 재료를 이용해 만들 수 있으면서 정성이 담긴 소스를 하나씩 만들어 보기 시작했다.

소스 하나하나를 바꿔가며 특별한 맛을 느껴보고 싱싱한 해산물과 각종 신선한 채소를 씻고 다듬어 상큼하고 달콤하고 매콤한 여러 특별한 맛을 내는 소스와 함께 샐러드를 완성시켜 제대로 맛이 배어날 때까지의 이야기를 이 책에 담아 보았다.

매일 먹는 재료라 해도 제철에 사용하면 더욱 신선하고 영양가 높은 식단이 될 수 있다. 신선한 채소와 과일, 그리고 해산물이 다양한 소스와 멋지게 만났을 때 맛있는 샐러드가 된다. 신선한 재료로 요리하고 맛있게 먹을 때 이것이 진정한 요리의 즐거움이 아닐까?

이 책은 간단한 아침 식사용 샐러드 & 소스, 날씬한 몸매를 위한 다이어트 샐러드 & 소스, 건강한 피부를 위한 샐러드 & 소스, 아이들 간식용 샐러드 & 소스로 분류하였다. 상큼한 맛, 달콤한 맛, 매콤한 맛, 새콤달콤한 맛 등의 다양한 맛으로 소스를 준비했으며, 센스 있는 Tip으로 다양하게 활용할 수 있는 방법들을 소개했다.

진정으로 가족의 건강을 위해 재료부터 꼼꼼하게 선택해 균형잡힌 식생활을 한다면 충분히 가족의 건강을 지킬 수 있을 것이다. 패스트푸드가 아닌 건강식으로 가족의 기호에 맞게 골라 직접 만들어 보는 것은 어떨까? 가족들에게 간단하면서도 맛있는 샐러드와 소스로 사랑을 표현해 보자. 가정에 항상 사랑과 웃음이 가득하길 기원하며……

bbiggu1204@hanmail.net

목차

Chapter 1

간단한 아침 식사용 샐러드 & 소스

Chapter 2

날씬한 몸매를 위한
다이어트 샐러드 & 소스

Chapter 3

건강한 피부를 위한 샐러드 & 소스

샐러드에 빠지지 않는
기본 채소 & 과일

샐러드의 기본은 신선한 채소와 과일이다. 샐러드에 어울리는 채소와 과일을 고르는 방법부터 손질법과 보관법까지 꼼꼼하게 살펴보자.

양상추

샐러드에 가장 많이 사용되는 재료로 철과 마그네슘이 풍부하다. 손으로 들었을 때 묵직한 것이 좋으며 원형에 가까운 모양이 좋다. 사용할 때 칼로 자르면 갈변되므로 한 장씩 뜯어서 사용하는 것이 좋다. 사용하고 남은 양상추는 뿌리 부분에 신문을 잘라 붙인 후 신문에 싸서 5℃에서 냉장 보관하면 10일 정도 신선도가 유지된다.

셀러리

20~25cm의 길이가 좋고 줄기를 잘랐을 때 단면이 반달에 가까운 것이 좋으며 짙은 녹색이 좋다. 눌러 보았을 때 들어가는 것은 바람이 들어있는 것이므로 주의해야 한다.

치커리

상추의 일종으로 샐러드나 쌈으로 많이 이용된다. 특유의 쓴맛은 소화를 촉진시키고, 치커리의 이눌린 성분은 내장 속의 메탄가스를 없애주며 유익한 콜레스테롤은 증가시키고, 유해한 콜레스테롤은 감소시킨다. 보관할 때는 씻지 않은 상태로 비닐이나 신문에 싸서 냉장 보관하는 것이 좋다.

시금치

철, 칼슘이 풍부하고 무침이나 국, 샐러드로 먹으며 비타민 A와 C가 풍부하고 요오드, 철분, 칼슘이 풍부해 성장기 어린이에게 특히 좋다. 뿌리의 짙은 빨간색이 맛이 있고 잎은 짙은 녹색에 윤기가 나는 것이 좋으며 식물성 섬유가 많아 변비에도 좋으며 짧고 뿌리 부분이 불그스름한 시금치는 단맛이 있어 샐러드나 무침에 많이 사용된다.

파프리카

헝가리에서 많이 재배되는 과채류의 맵지 않은 고추과의 일종으로 비타민 C, E가 풍부해 감기 예방에 좋다. 파프리카는 샐러드에 많이 사용하며 구워서 요리에 사용하기도 하고 열량이 낮아 다이어트에도 좋다. 표피가 두껍고 꼭지가 싱싱하며 광택이 나는 것이 좋다. 한 개씩 랩으로 싸서 냉장 보관하는 것이 좋다.

브로콜리

노화를 방지하고 암을 예방하며 비타민 A가 풍부해 감기 예방에 좋으며 비타민C가 풍부해 빈혈에도 좋다. 살짝 데쳐서 초고추장에 찍어 먹거나 샐러드로도 좋고 스프로도 인기가 좋다.

딸기

타원형이 맛이 좋고 모양이 일정한 것이 좋으며 꽃받침이 진한 녹색이 신선도가 높다.

마

마는 숙취해소, 피부미용, 피로회복, 당뇨병 등에 효능이 널리 알려져 있다. 학생의 학습 능률에도 도움을 주며 흡연으로 목이 칼칼하거나 원기회복에도 좋다. 샐러드로도 많이 사용되며 강판에 갈아서 소금을 약간 넣어 마시거나 곱게 채를 썰어 참기름, 소금을 넣어 먹어도 좋다. 보관 방법으로는 신문에 돌돌 말아 냉장 보관하는 것이 좋다.

소스에 가장 많이 사용되는 기본 재료 알아보기

올리브 오일

올리브 오일에는 여러 등급이 있는데 엑스트라 버진은 최상급 올리브를 처음 짠 것으로 향과 색이 좋아 각종 샐러드 소스로 많이 사용된다. 그늘지고 서늘한 곳에 보관하는 것이 좋다.

포도씨 오일

포도씨를 압착해서 짠 오일로 산패가 느리고, 음식에 사용하면 느끼한 맛이 덜하다. 향이 은은해서 요리에 사용하면 더욱 좋고 샐러드 소스나 튀김에 사용해도 좋다. 체내의 콜레스테롤 수치를 낮추고 노화 방지, 생활 습관병 예방에 효과적이며, 화장솜에 묻혀 피부를 닦아내면 먼지로 건조해진 피부를 깨끗하게 해준다.

마요네즈

신선한 달걀 노른자와 식물성 기름을 섞어 만든 것으로 달걀 노른자에 핸드믹서를 저으면서 기름을 조금씩 넣어 걸쭉한 상태가 되면 여기에 식초나 레몬즙, 소금을 첨가하여 마요네즈를 만든다. 두드럽고 고소한 맛이 나며 고기요리, 생선요리, 샐러드에 많이 사용된다. 잘 밀봉하여 냉장고에 보관하는 것이 좋다.

토마토 케첩

잘 익은 토마토를 재료로 만든 서양식 조미료이다. 잘 익은 토마토일수록
펙틴질이 강하다. 토마토 케첩을 만드는 방법은 잘 익은 토마토를 깨끗이
씻어 윗면에 열십자로 칼집을 넣고 젓가락에 찔러 끓는 물에 담갔다가 껍
질을 벗겨 적당히 다진다. 여기에 다진 양파, 다진 감자, 다진 마늘을 함께 냄비에 넣고
물을 적당히 부어 30분 정도 끓인 후 믹서에 곱게 간다. 곱게 간 재료를 냄비에 다시 넣
고 설탕, 소금, 식초로 맛을 내어 걸쭉하게 조린다.

연겨자

가루를 으깨서 편하게 해 놓은 것이며 샐러드 소스, 냉채, 냉면 등에
이용되며 연한 맛은 연겨자를 강한 맛을 좋아하면 강겨자를 사용하
는 것이 좋다. 가루 겨자는 따뜻한 물로 개어서 그릇 채로 김이 나는
냄비 뚜껑에 올려 10분 정도 발효시키면 된다.

레몬즙

비타민C의 함량이 높고 향이 강하며 신맛이
강한 것이 특징이다. 과즙은 화장품이나 각종
음료수에도 사용되며 모세혈관을 튼튼하게
하여 고혈압, 동맥경화에 효과가 있다.

연와사비

고추냉이를 가공해서 만든 것이며 초밥을 만들거나
회를 먹을때 주로 이용되며 톡 쏘는 매운맛을 낸다.

핫소스

톡 쏘는 매운 맛이 나는 소스로 작고 매운 고추로
만들며 대표적으로 타바스코가 있다.

꿀

자연에서 꽃으로부터 벌을 양봉하는 것이다. 아카시아 꿀,
밤 꿀, 잡화 꿀 등이 있으며 단맛을 낼때 사용된다.

굴소스

생굴을 발효시켜 만든 것으로 간장 대용으로 사용되며
국, 찌개, 소스, 볶음등에 사용하면 감칠 맛이 난다.

플레인요구르트

우유에 유산균 요구르트를 넣어 발효시킨 것으로 떠 먹는
요구르트라고도 불리며 복숭아 맛, 딸기 맛, 살구 맛, 키위
맛 등이 다양하게 있다.

머스터드 소스

겨자의 씨로 만들어 매운 맛이 나며 달걀 요리, 소스, 샌드위치,
육류요리, 샐러드 등에 많이 사용된다.

기본 계량법

계량스푼
1큰술은 15cc, 1작은술은 5cc를 말한다. 계량할 때에는 반듯하게 깎아서 한다.

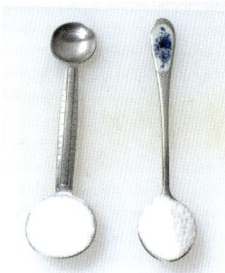
계량스푼 1큰술
= 일반 숟가락 1큰술

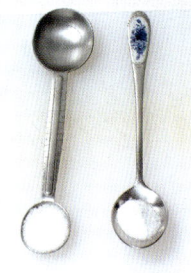
계량스푼 1작은술
= 일반 숟가락 1작은술

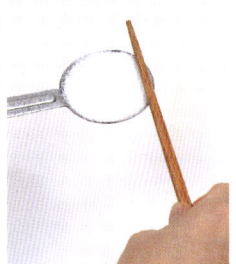
정확하게 계량하는 법
(반듯하게 깎아서 계량)

계량저울
계량저울을 사용할 때에는 눈금을 항상 0에 맞추어야 한다. 그릇을 올렸을 때는 그릇 무게를 빼고 '0'으로 맞추어 계량한다.

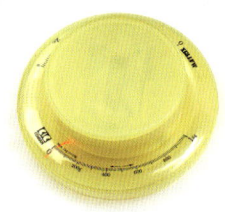
눈금 '0'에 맞추기

그릇 놓고 '0'에 맞추기

계량컵

계량컵 1컵은 200cc를 말한다.

계량컵 200cc = 유리컵 200cc

샐러드,
이렇게 먹으면 더욱 맛있다

샐러드는 신선한 재료 선택이 무엇보다 중요하다. 샐러드를 준비하는 과정부터 맛있게 먹는 방법까지 다양하게 살펴본다.

1 채소는 신선하고 아삭하게 준비한다.

샐러드의 주 재료인 채소는 얼음물에 10분 정도 담가 두면 더욱 아삭해진다. 채소를 뜯지 않은 채로 담갔다가 물기를 제거한 뒤 뜯어서 사용하면 영양분의 손실을 줄일 수 있다. 채소를 씻어 밀폐용기에 담아 1시간 가량 냉장고에 두었다가 사용하면 신선하고 아삭한 샐러드를 만들 수 있다.

2 채소는 손으로 뜯어 준비한다.

채소는 깨끗이 씻어 물기를 제거한 뒤 손으로 뜯어야 갈변을 막을 수 있다. 칼로 썰면 단면이 균일하여 수분이 빠져 나오기 쉬우나 손으로 뜯으면 단면이 균일하지 않아 수분이 생기는 것이 덜하다.

3 소스는 먹기 직전에 뿌린다.

샐러드의 생명은 '소스'다. 소스를 미리 뿌려내면 수분이 생겨 싱거워질 수 있고, 빵 종류는 눅눅해질 수 있으므로 먹기 직전에 뿌리거나 곁들여 바로 뿌려 먹을 수 있게 준비하는 것이 좋다.

4 소스는 시원하게 한다.

소스는 얼음이 담긴 그릇에 담아 내거나 냉동실에 살짝 얼려 시원하게 준비하면 샐러드의 맛을 더욱 높여준다.

살림 잘하는 알뜰 노하우

알뜰하게 살림을 잘하는 주부는 따로 있다. 부지런해야 하고 꼼꼼하게 가격을 비교해 시장을 보아야 한다. 진정으로 가족의 건강을 위한다면 화학 조미료를 사용하지 않고, 집안을 항상 깨끗하게 정리 정돈해야 한다. 그렇다면 살림 잘하는 노하우에 대해 꼼꼼히 살펴 보기로 하자.

❶ 필요한 만큼만 시장보기

최고의 장바구니 전략은 뭐니뭐니 해도 싸고 싱싱한 재료를 구입하는 것이다. 또한, 제때에 필요한 만큼만 사서 조리하는 습관이 무엇보다 중요하다.

❷ 구입 날짜와 유통기한을 적어둔다.

비닐 묶는 끈이나 고무줄에 구입 날짜와 유통기한을 메모해서 묶어 두거나 냉장고에 메모해 두고 사용한 만큼 지워 나가면 유통기한이 지나 버리거나 다시 구입하는 것을 예방할 수 있다.

❸ 천연 조미료를 사용한다.

틈틈이 준비한 천연 조미료로 요리를 해보자. 다시마, 멸치, 표고버섯, 새우 등을 바싹 말려서 믹서에 곱게 갈아 국물 요리나 무침에 사용하면 찌개, 국, 나물 무침, 볶음 요리에 시원하고 깊은 맛을 주며 가족의 건강도 지킬 수 있다.

❹ 주방 청소는 그때그때 바로 한다.

세균이 번식하기 쉬운 행주는 매일 삶아 햇볕에 바싹 말려 사용하고, 도마는 끓는 물에 식초를 넣어 끼얹어 소독해 사용하는 것이 좋다. 싱크대와 가스레인지 주변은 설거지 할 때마다 닦아 준다. 냉장고 틈 사이는 솔로 닦아내고, 냉장고 속은 물에 식초를 첨가해서 면보에 묻혀 닦으면 냄새 제거에 좋다.

샐러드를 맛나게 하는
허브(Hurb) 이야기

허브란?

식용, 약용, 미용에 사용되는 식물로 질병을 예방하거나 치료에 효과적이며 요리의 맛과 향을 내는데 유용하게 쓰인다. 머리를 감던 창포, 고추, 파, 쑥, 결명자도 허브의 종류이다. 차나 술로 담가 각종 질환에 사용하기도 하고, 탄력있는 피부를 위해 사용하기도 한다. 비타민과 무기질이 풍부해 샐러드로도 많이 이용하며, 요리의 살균 효과도 있다. 기분 좋은 향을 가지고 있어 방향제로 많이 쓰이며, 허브의 향은 방충제 역할도 한다.

스위트 바질 *Sweetbasil*

진녹색으로 향과 맛이 달콤해서 샐러드, 피자, 스파게티의 향신료로 많이 쓰인다. 재배가 쉽고 생육이 빠르며 따뜻한 환경에서 잘 자란다.

라벤더 *Lavender*

향료로 많이 쓰인다. 햇볕이 잘 들고 바람이 잘 통하며 배수가 잘 되어야 한다. 물은 흠뻑 준다. 차로 마시면 감기, 천식에 좋고 목욕제로 사용하면 피로 회복, 숙면에 도움을 주며 여드름, 습진에도 효과가 있다. 서랍 속에 넣어 두면 곰팡이 방지에 좋다.

체리세이지 *Cherrysage*

향이 강해 각종 요리에 향신료로 이용된다. 겨울에는 실내에서 키워야 하고, 배수가 잘 되어야 하며 물은 흠뻑 준다. 차로 마시면 목이 아플 때나 구내염, 구치에 효과가 있다.

로즈마리 *Rosemary*

향이 강하고 상쾌하다. 충분히 햇볕을 받게 하고 바람이 잘 통하는 곳이 좋으며 물은 충분히 준다. 노인성 치매 예방, 기억력 증진, 두통에 효과가 있으며, 머리를 맑게 하고 피부를 탄력있고 윤기가 나게 한다.

골든레몬타임 *Goldeniemonthyme*

차로 많이 마시며 피부를 곱게 하고 신경을 안정시키는 효과가 있다. 방향제, 방충에 사용되며 향신료로 널리 사용된다.

애플민트 *Applement*

습기가 있는 반 음지를 좋아한다. 생선, 고기요리, 각종 소스에 이용되고 목욕제로도 사용한다. 차로 마시면 소화불량, 감기, 위통에 약효가 있으며, 달콤한 사과향이 나고 잎이 부드럽다.

스피아민트 *Spearmint*

유럽이 원산지로 반 그늘진 곳에서 잘 자란다. 화장품, 소스, 목욕제로 널리 이용되며 껌의 향료로도 쓰인다. 향이 달콤하고 상쾌하다.

헬리오트러프 *Heliotrope*

짙은 자색의 꽃으로 화단의 둘레 장식으로 많이 심는다. 초콜릿 같은 달콤한 향의 매혹적인 허브이다. 목이 아플때나 향수 원료로 많이 쓰이며 꽃이 오랫동안 피어 있다.

오데코롱민트 *Eaudecolongnemint*

목욕제나 포푸리, 화장품의 향료로 많이 쓰인다. 반 그늘진 곳에서 잘 자라며, 겉흙이 마르면 물을 충분히 준다.

Chapter 1

간단한 아침 식사용
샐러드 & 소스

아삭아삭 입안 가득 퍼지는 샐러드의 소리와 향을 느껴 보지 않으실래요?
신선한 채소와 상큼한 소스로 즐거운 아침을 시작하는 것은 어떨까요?
아침이 부담스러워 수저를 들기 싫어하는 가족을 위해 샐러드를 준비해 보세요.
샐러드로 시작하는 아침, 더욱 활기찬 하루가 되지 않을까요?

감귤 샐러드 & 귤 소스

탱글 탱글 속살이 노오란 감귤의 상큼한 향과 귤 소스의 짜릿한 맛을 느껴 보세요.

🍀 재 료(2인분)

감귤(통조림) 1캔, 양상추 3잎, 방울 토마토 8개, 키위 2개

🍀 만들어 보세요

1 [감귤 준비하기] 감귤은 체에 밭쳐 물기를 제거하고 준비한다.
　★ 귤이 많이 나는 철에는 감귤을 사용해도 좋다.

2 [양상추 씻기] 양상추는 씻어서 적당하게 뜯어 둔다.

3 [방울토마토 썰기] 토마토는 둥근 모양으로 썰어서 준비한다.

4 [키위 모양내기] 키위는 껍질을 벗기고, 세로로 칼집을 넣어 모양을 만들어 둥글게 썬다.

5 [샐러드 완성하기] 접시에 감귤, 양상추, 방울토마토, 키위를 보기 좋게 담고, 귤 소스를 끼얹어 낸다.

TIP

감귤 정과를 만들어 보아요

먼저 감귤 5개, 황설탕 2/3컵, 꿀 1/3컵을 준비하고 감귤은 껍질째 깨끗이 씻어 물기를 제거한 후 0.5mm두께의 둥근 모양으로 썰어 황설탕과 꿀에 버무려 3시간 정도 재워둔다. 재운 감귤은 모두 냄비에 넣고, 은근히 수분이 없을 정도로 조리다가 채반에 펼쳐 꾸덕꾸덕하게 말린다. 아이들 간식이나 술 안주로 좋아요.

🔵 귤 소스 Mandarin Sauce

감귤과 양파를 곱게 믹서하고 플레인 요구르트, 올리브유, 레몬즙, 꿀, 소금을 섞어 소스를 완성한다.

감귤(통조림) 1/2컵,　　플레인 요구르트 1통(120g),　　레몬즙 3큰술, 꿀 1큰술　　소금 약간
양파 1/4개　　올리브유 4큰술

베이컨 샐러드 & 양파 소스

양파 소스 한 스푼으로 건강을 듬뿍 담은 최고의 베이컨 샐러드! 상큼하고
맛있는 행복을 느껴보세요.

🍓 **재 료**(2인분)

베이컨 4장, 양상추 2잎, 어린 새싹
50g, 양파 1/2개, 비타민 30g, 방울
토마토 5개, 바게트빵 50g

🍀 만들어 보세요

1 [베이컨 굽기] 베이컨은 기름기 없는 프라이팬에 바삭하게 구워
서 키친타월 위에 올려 기름기를 제거하고 먹기 좋게 자른다.

2 [양상추 씻기] 양상추는 깨끗이 씻어 한 입 크기로 뜯어 둔다.

3 [어린 새싹 씻기] 어린 새싹은 흐르는 물에 씻어 준비한다.

4 [양파 썰기] 양파는 둥근 모양으로 잘라 찬물에 담가 매운 맛을
제거한 다음 물기를 제거한다.

5 [비타민 씻기] 비타민은 깨끗이 씻어 물기를 제거한다.

6 [방울토마토 자르기] 방울토마토는 반으로 자른다.

7 [바게트빵 자르기] 바게트빵은 사방 1cm 크기로 자른다.

8 [샐러드 완성하기] 베이컨, 양상추, 어린 새싹, 양파, 비타민,
방울토마토를 접시에 골고루 담고, 상에 내기 직전에 바게트
빵을 올리고 양파 소스를 곁들여 낸다.

피를 맑게 하는 양파 이야기

양파는 피를 맑게 하고 노화와 암
의 예방에도 탁월하지요. 혈액 속
의 불필요한 콜레스테롤과 지방을
녹여주며 혈압을 내리게 하는 양파
를 매일 꾸준히 많이 먹는 것이 좋
아요.

🟠 양파 소스 Onion Sauce

양파와 사과를 믹서하고 나머지 포도씨유, 레몬즙,
설탕, 소금을 섞어 소스를 완성한다.

양파 1/4개, 사과 1/4개

포도씨유 5큰술, 레몬즙 2큰술

설탕 1큰술, 소금 약간

모둠 과일 샐러드 & 딸기잼 소스

간단한 모둠 과일 샐러드와 바나나 주스 한잔으로 든든한 아침식사를 즐겨요.

🍓 재 료(2인분)

바나나 1개, 키위 1개, 오렌지 1개, 방울 토마토 10개, 치커리 30g, 시리얼 1/2 컵, 건포도 1/3컵

🍀 만들어 보세요

1 [바나나 썰기] 바나나는 껍질을 벗기고 어슷하게 썬다.

2 [키위 썰기] 키위는 껍질을 벗기고 6등분 한다.

3 [오렌지 썰기] 오렌지는 껍질을 벗기고 조각으로 썬다.

4 [방울토마토 자르기] 방울토마토는 4등분 한다.

5 [치커리 씻기] 치커리는 깨끗이 씻어 물기를 제거하고 적당하게 뜯어 둔다.

6 [시리얼과 건포도 준비하기] 시리얼은 시판용으로 준비하고, 건포도는 깨끗한 것으로 준비한다.

7 [접시에 담아내기] 준비된 재료를 접시에 골고루 담고 시리얼과 건포도는 먹기 직전에 올리고 딸기잼 소스를 곁들여 낸다.

TIP

바나나 주스를 만들어 보아요

바나나 1/2개, 도라지 1뿌리, 요구르트 2개를 준비한다. 바나나는 껍질을 벗기고 도라지는 껍질째 솔로 깨끗이 씻어 바나나, 도라지, 요구르트를 함께 믹서해 예쁜 유리컵에 담아내세요.

● **딸기잼 소스** Strawberry Jam Sauce

딸기잼에 플레인 요구르트를 잘 섞어주고 레몬즙과 소금을 넣어 소스를 완성한다.

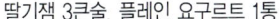

딸기잼 3큰술, 플레인 요구르트 1통   레몬즙 2큰술, 소금 약간

감자 샐러드 & 마요네즈 소스

폭신하고 부드러운 감자를 뜨거울 때 팍팍 으깨서 맛난 감자 샐러드로
만들어 먹으면 입안에서 살살 녹지요.

🍓 재 료 (2인분)

감자 2개, 푸른 피망 1/4개, 붉은 피망
1/4개, 옥수수 2큰술, 게맛살 2개, 양파
1/4개, 방울토마토 10개

🍀 만들어 보세요

1 [감자 삶기] 감자는 껍질을 벗기고, 찜 솥에 쩌서 뜨거울 때 으
  깬다.

2 [피망 다지기] 푸른 피망과 붉은 피망은 곱게 다진다.

3 [옥수수와 게맛살 다지기] 옥수수는 체에 밭쳐 물기를 제거하고
  입자가 있게 다지고, 게맛살은 곱게 다진다.

4 [양파 절이기] 양파는 곱게 다져서 소금에 살짝 절여 물기를 꼭
  짠다.

5 [방울토마토 썰기] 방울토마토는 둥근 모양으로 썬다.

6 [샐러드 완성하기] 준비된 재료를 골고루 섞어 마요네즈 소스에
  잘 버무려 접시에 담고 방울토마토를 가장자리에 돌려 담는다.

매번 감자 삶기 번거롭다고요?

감자는 껍질을 벗기고 삶아서 뜨거
울 때 으깨세요. 먹을 만큼 비닐
팩이나 밀폐용기에 담아 얼렸다가
필요할 때 해동시켜 사용하면 간편
해요.

🟠 마요네즈 소스 Mayonnaise Sauce

1 마요네즈에 땅콩버터를 섞어주고 파인애플 국물과 설탕, 케첩을 넣고 잘
  저어준다.

2 다진 양파와 연겨자를 넣어 소스를 완성한다.

  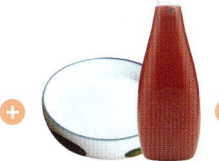 

마요네즈 4큰술,   파인애플 통조림   설탕 1작은술, 케첩 1큰술   다진 양파 1큰술,
땅콩버터 1작은술   국물 2큰술   연겨자 1작은술

어묵 샐러드 & 자장 소스

특별하지만 소박한 솜씨로 만든 어묵 샐러드로 행복이 넘치는 즐거운 아침을 즐기세요.

 재 료(2인분)

각종 어묵 200g, 게맛살 3개, 푸른 피망 1/2개, 콩나물 50g, 푸른 고추 1개, 붉은 고추 1개

🍀 만들어 보세요

1 [어묵 데치기] 어묵은 먹기 적당한 크기로 자르고, 끓는 물에 살짝 데쳐 기름기를 제거한다.

2 [게맛살 찢기] 게맛살은 5cm 길이로 잘라 가늘게 찢는다.

3 [피망 썰기] 푸른 피망은 5cm 길이로 잘라 가늘게 채를 썬다.

4 [콩나물 삶기] 콩나물은 꼬리를 따고 약간의 소금을 첨가해 살짝 삶아 차게 식힌다.

5 [고추 썰기] 푸른 고추와 붉은 고추는 송송 썬다.

6 [완성해서 담기] 그릇에 데친 어묵, 게맛살, 피망, 콩나물을 골고루 담고, 푸른 고추와 붉은 고추를 올린 뒤 자장 소스를 곁들여 낸다.

 TIP

콩나물 전자레인지로 쉽게 삶아 시간을 절약해요.

콩나물을 깨끗이 씻은 후 수분이 있는 상태로 비닐 봉지에 넣어 묶지 않고 전자레인지에 4분 가열하면 간단하게 조리할 수 있어요.

● 자장 소스 Blackish bean Sauce

1 프라이팬이 뜨거워지면 식용유를 두르고 마늘과 파로 향을 내고 양파와 당근을 볶다가 춘장과 굴소스를 넣고 10분 정도 볶아준다.

2 1에 물을 붓고 끓으면 물녹말로 농도를 맞춘다.
　★ 물녹말은 물과 녹말을 1:1 비율로 하면 된다.

식용유 1큰술, 다진 마늘 1큰술, 다진 파 1큰술, 다진 양파 1/4개, 다진 당근 1/4개

춘장 3큰술, 굴소스 1큰술

물 1과 1/2컵(300ml), 물녹말 1큰술

참치 감자 샐러드 & 포도씨유 소스

기름이 쪼~옥 빠진 담백한 맛 참치! 얼렁 뚱땅 대충 만들어도 맛나는 참치
감자 샐러드와 포도씨유 소스는 천생연분이에요.

🍀 만들어 보세요

1 [참치 준비하기] 참치는 체에 밭쳐 기름을 제거하고 준비한다.

2 [비스킷 자르기] 비스킷은 기호에 맞게 준비해 적당하게 잘라
  둔다.

3 [치즈 썰기] 치즈는 삼각형 모양으로 썰어서 준비한다.

4 [감자 튀기기] 감자는 가늘게 채를 썰어 노릇하게 튀겨 체에 키
  친타월을 깔고 튀긴 감자를 올려 기름기를 제거한다.

5 [치커리, 래디시 준비하기] 치커리는 씻어서 물기를 제거한 후
  적당하게 뜯어 준비하고, 래디시는 둥근 모양으로 썬다.

6 [접시에 담기] 접시에 치커리를 깔고 참치와 비스킷을 섞어 담
  아 튀긴 감자를 올리고 포도씨유 소스를 끼얹어 낸다.

🍓 재 료 (2인분)

참치(통조림) 1캔, 비스킷 10개, 치즈 3장,
감자 1개, 치커리 50g, 래디시 1개

TIP

좋은 감자 고르는 방법
감자의 껍질 색이 일정하고, 껍질
이 얇고 주름이 없어야 하며, 크기
가 일정해야 하고, 직사광선을 피
해 보관해야 해요.

● 포도씨유 소스 Grapeseed oil Sauce

포도씨유 5큰술, 식초 3큰술

설탕 1큰술, 꿀 2큰술,
다진 피클 1큰술

참기름 1작은술, 간장 1큰술

소금 · 후추 약간씩

과일 샐러드 & 요구르트 소스

바쁜 아침을 푸짐한 비타민 과일 샐러드와 요구르트 소스로 해결하세요.
매일 먹어도 질리지 않아요.

🍓 **재 료** (2인분)

양상추 2잎, 키위 1개, 파인애플링 2
개, 방울토마토 10개, 포도 10알

🍀 만들어 보세요

1 **[양상추 씻기]** 양상추는 깨끗이 씻어 얼음물에 담가 싱싱하게
하고 먹기 좋게 뜯어 준비한다.

2 **[키위 자르기]** 키위는 껍질을 벗기고 4등분 한다.

3 **[파인애플 자르기]** 파인애플은 6등분 한다.

4 **[방울토마토 자르기]** 방울토마토는 반으로 잘라 준비한다.

5 **[포도 자르기]** 포도는 깨끗이 씻어 물기를 제거하고, 반으로 잘
라 씨를 제거한다.

6 **[그릇에 담기]** 그릇에 양상추, 키위, 파인애플, 방울토마토, 포
도를 골고루 담고, 요구르트 소스를 뿌려 낸다.

TIP

오렌지 껍질의 활용법

오렌지 껍질 안쪽의 흰 부분으로
유리컵을 닦아 보세요. 반짝반짝
윤기가 나고 수세미의 긁힘도 방지
할 수 있어요. 또한 껍질을 바싹 말
린 뒤 망에 넣어 빨래 삶을
때 함께 넣으면 빨래가
몰라보게 깨끗해져요.

● 요구르트 소스 Yogurt Sauce

플레인 요구르트에 레몬즙, 설탕, 소금을
잘 섞어주고 다진 로즈마리를 넣어 소스
를 완성시킨다.

플레인 요구르트 1통   레몬즙 3큰술, 설탕 1큰술, 소금 약간   다진 로즈마리(허브)
1작은술,

고구마 감자 샐러드 & 허니 머스타드 소스

고구마나 감자를 솥에 폭신하게 찐 뒤 뚝~ 뚝 썰어 간단하지만 든든한
샐러드를 만들어 멋진 식탁을 차려 보세요.

만들어 보세요

1 [고구마와 감자 찌기] 고구마와 감자는 깨끗이 씻어서 껍질째
  김이 오른 찜 솥에 찐 뒤 식으면 큼직하게 자른다.

2 [달걀 삶기] 냄비에 달걀이 잠길 정도의 물을 붓고 약간의 소
  금을 첨가해 12분 동안 완숙으로 삶아 껍질을 벗기고 4등분
  한다.

3 [치커리 씻기] 치커리는 깨끗이 씻어 적당히 뜯어 준비한다.

4 [비타민 씻기] 비타민은 씻어서 물기를 제거한다.

5 [샐러드 완성하기] 접시에 고구마, 감자, 달걀, 치커리, 비타민
  을 보기 좋게 담고, 허니 머스타드 소스를 끼얹어 낸다.

재 료(2인분)

고구마 1개, 감자 1개, 달걀 1개(소금
약간), 치커리 50g, 비타민 30g

TIP

고구마 보관 방법
겨울에 고구마를 저장할 때 고구마
를 썩혀 난감했던 경험이 한번쯤은
있을 것입니다. 고구마는 추운 곳
에 두면 썩는답니다. 박스에 신문
을 깔고, 고구마의 흙을 털지 않은
상태로 담아 그늘지고 습하지 않은
곳에 두면 걱정 없겠죠.

허니 머스타드 소스 Honey Mustard Sauce

머스타드에 꿀을 넣고 마요네즈와
레몬즙을 넣어 마요네즈가 풀어지게
저어 소스를 완성한다.

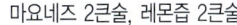

머스타드 2큰술, 꿀 1큰술   마요네즈 2큰술, 레몬즙 2큰술

마 샐러드 & 키위 소스

천연 피로회복제 마! 스트레스로 지친 몸과 마음을 마 샐러드 건강식으로 달래보세요.

재 료 (2인분)

마 200g, 브로콜리 100g, 오이 1/2개, 래디시 1개, 무순 30g, 치커리 30g

만들어 보세요

1 [마 썰기] 마는 껍질을 벗겨 사방 1cm 크기로 깍둑썰기 한다.

2 [브로콜리 데치기] 브로콜리는 가닥가닥 떼어서 씻고, 끓는 물에 소금과 식용유를 약간 넣고 파랗게 데쳐서 식힌다.

3 [오이 썰기] 오이는 5cm로 잘라 돌려깎기 한 후 가늘게 채를 썬다.

4 [래디시 썰기] 래디시는 곱게 채를 썬다.

5 [무순 손질하기] 무순은 씻어서 준비한다.

6 [치커리 씻기] 치커리는 씻어서 물기를 제거하고 적당하게 뜯어 준비한다.

7 [접시에 담기] 접시에 마, 브로콜리, 오이, 래디시, 무순, 치커리를 모양 있게 담고, 키위 소스를 곁들여 낸다.

TIP
식초의 다양한 쓰임새

냉장고의 김치 냄새, 생선 냄새가 걱정 되신다구요? 물 2컵에 식초 5큰술을 넣고 면보에 적셔 닦아주면 냄새가 싸~악 달아나요. 또 껍질을 벗긴 사과나 감자의 색이 변할 때 물 1컵에 식초 2큰술을 넣고 섞어서 뿌려주면 색의 변화를 막을 수 있답니다.

키위 소스 Kiwi Sauce

키위, 사과, 파인애플, 양파를 곱게 믹서하고 식초, 꿀, 소금을 섞어 소스를 완성한다.

키위 1개, 사과 1/4개

파인애플링 1개, 양파 1/4개

식초 2큰술, 꿀 1큰술, 소금 약간

매실 이야기

건 강에 대한 관심이 늘어나고 있는 요즘 사람들에게 인기 있는 매실에 대한 이야기를 하고자 한다.

매실은 예로부터 약으로도 음식으로도 사용되어 왔다. 구연산과 각종 비타민, 무기질이 풍부해서 매실주, 매실 엑기스, 매실 장아찌 등으로 다양하게 이용되고 있다. 매실은 6월부터 출하가 시작되는데 신맛과 단맛이 나고 과육이 탱탱한 것을 고르는 것이 좋다.

매실의 효능

❶ 매실의 구연산은 포도당의 10배 이상으로 효능이 뛰어나다고 한다. 피로 회복에 좋을뿐만 아니라 현대인의 생활 습관병, 스트레스로 인한 칼슘 소모에 좋다.

❷ 매실의 신맛은 위장과 십이지장에서 위액의 분비를 촉진시켜 음식물과 소화효소가 잘 섞이게 하여 소화 불량과 위장 장애에 효과적이다.

❸ 매실의 피크린산이란 성분은 독성성분을 분해하고, 여름에 잘 나타나는 식중독 및 배탈을 예방하며 치료에도 뛰어나 해독작용을 한다.

❹ 매실의 카테킨산이라는 성분은 장에 살균과 해독 작용을 하며, 나쁜 균의 번식을 억제하고 연동운동을 활발하게 하여 장의 건강을 유지시켜 변비 치료 및 예방에 효과적이다. 연동운동이란 환상근 수축에 의해 음식물을 앞으로 밀어 보내는 현상으로 음식을 전진시키는 가장 기본적인 추진력을 말한다.

❺ 매실은 신진대사를 활발하게 하여 혈액순환에 도움을 주며 피부미용에도 좋은 것으로 알려져 있다.

❻ 매실은 칼슘의 흡수율을 높여 성장기 어린이나 임산부에게도 매우 좋다.

매실과육 + 고추장 = 매실 장아찌

❼ 매실은 체질 개선에도 도움이 된다. 인스턴트의 다량 섭취로 산성화된 몸을 알칼리성으로 유지하게 해 준다.

매실 엑기스 담기

❶ 매실은 탱탱한 것으로 골라 깨끗이 씻어 물기를 제거한다.

❷ 항아리는 깨끗이 씻어 열탕 처리하여 말린다.

❸ 매실이 물기가 빠지면 큰 그릇에 매실이 10kg, 동량의 흑설탕10kg을 넣고 버무린다.

❹ 항아리에 ❸을 넣고 비밀로 덮어 고무줄로 탱탱하게 감아 밀봉한다.

❺ 100일 후에 매실은 건지고 엑기스는 생수에 타서 음료로 마시면 된다. 이때 건진 매실은 과육을 발라 고추장에 넣으면 매실 장아찌가 된다. 씨는 끓는 물에 삶아 말린 후 베개 속에 넣어 사용하면 혈액 순환에 좋다.

  ★ 엑기스는 항아리 채로 실온에서 보관해도 장기간 보관이 가능하다.

  ★ 처음부터 매실 과육을 발라서 엑기스를 담그면 장아찌를 편리하게 만들 수 있다.

매실 담기

Chapter **2**

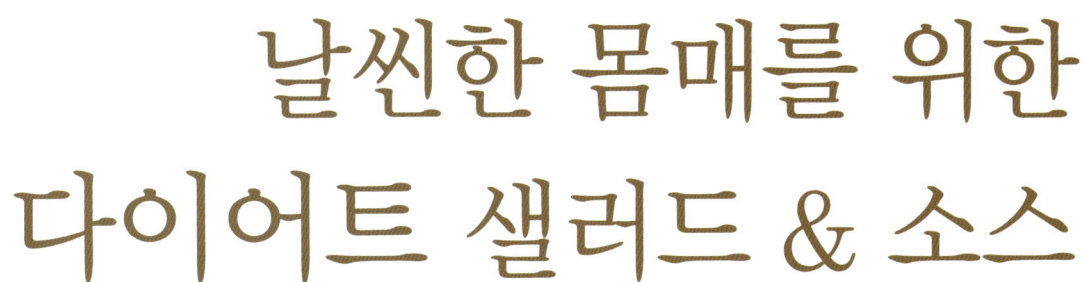

날씬한 몸매를 위한
다이어트 샐러드 & 소스

이제 날씬한 몸매는 여성뿐만 아니라 모두가 선호하는 추세!
많은 사람이 고민하는 비만에는 균형잡힌 몸매를 위한 적당한 운동, 식이섬유가
풍부하고 비타민과 무기질이 많은 채소와 과일이 다이어트에 딱이지요.
식이섬유는 포만감을 주어 음식조절에도 도움이 됩니다.
이제 섬유질이 풍부한 샐러드로 날씬해지세요.
부족했던 비타민과 미네랄을
제철 과일과 채소가 어우러진 샐러드로 보충해 볼까요?

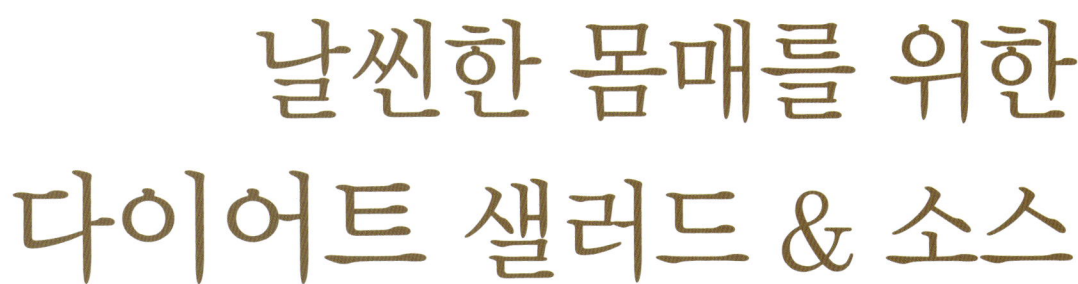

날씬한 몸매를 위한
다이어트 샐러드 & 소스

이제 날씬한 몸매는 여성뿐만 아니라 모두가 선호하는 추세!
많은 사람이 고민하는 비만에는 균형잡힌 몸매를 위한 적당한 운동, 식이섬유가
풍부하고 비타민과 무기질이 많은 채소와 과일이 다이어트에 딱이지요.
식이섬유는 포만감을 주어 음식조절에도 도움이 됩니다.
이제 섬유질이 풍부한 샐러드로 날씬해지세요.
부족했던 비타민과 미네랄을
제철 과일과 채소가 어우러진 샐러드로 보충해 볼까요?

묵 샐러드 & 매실 소스

매번 먹어도 질리지 않는 묵! 정말 맛있다! 먹는게 즐겁다!

🍓 **재 료**(2인분)

도토리묵 100g, 청포묵 100g, 오이 1/2개, 깻잎 5장, 쑥갓 30g, 김 1장

🍀 **만들어 보세요**

1 [도토리묵 자르기] 도토리묵은 사방 2cm로 자른다.

2 [청포묵 데치기] 청포묵은 사방 2cm로 잘라 끓는 물에 데친다.
   ★ 청포묵이 투명하게 데쳐지면 찬물에 씻는다.

3 [오이 썰기] 오이는 길이대로 반으로 잘라 어슷하게 썬다.

4 [깻잎 썰기] 깻잎은 돌돌 말아서 가늘게 채를 썬다.

5 [쑥갓 준비하기] 쑥갓은 깨끗이 씻어서 모양대로 자른다.

6 [김 자르기] 김은 살짝 구워서 가위로 가늘게 자른다.

7 [접시에 담기] 도토리묵과 청포묵, 오이를 먼저 매실 소스에 버무려 완성접시에 담고, 그 위에 깻잎, 쑥갓, 김을 올린다.

TIP

도토리묵에 대해 알아보아요.

도토리묵은 저칼로리 식품으로 다이어트에 뛰어난 효과가 있어요. 약간 떫은맛은 탄닌 성분으로 도토리묵의 고유한 맛이지요. 아콘산이라는 성분은 몸에 쌓인 중금속, 유해물질을 흡착 배출시키는 작용을 하지요. 피로회복, 소화기능, 숙취해소, 강장효과가 있어요.

🟠 **매실 소스** Maesil Sauce

매실엑기스에 깨소금을 잘 섞어주고 식초, 설탕, 간장, 고춧가루, 들기름을 넣어 소스를 완성한다.

매실엑기스 1큰술, 깨소금 1큰술

식초 2큰술, 설탕 1작은술

간장 2큰술, 고춧가루 1작은술,
들기름 1작은술

가지 샐러드 & 레몬 소스

가지의 쫀득쫀득한 질감과 호박의 달큰한 맛이 상큼한 레몬 소스와 함께
입맛을 확~ 사로 잡지요.

만들어 보세요

1 **[가지, 호박 굽기]** 가지와 호박은 어슷하게 잘라 달궈진 프라이팬
에 올리브유를 두르고 굽는다.

2 **[토마토 자르기]** 토마토는 8등분 해서 오븐에 살짝 굽는다.
   ★ 오븐이 없을 경우에는 전기 그릴이나 프라이팬에 구워도 좋다.

3 **[파프리카 굽기]** 파프리카는 세로 5cm, 가로 2cm로 잘라 프라
이팬에 올리브유를 두르고 굽는다.

4 **[치커리, 팽이버섯 씻기]** 치커리와 팽이버섯은 씻어서 물기를 제
거한다.

5 **[로즈마리 다지기]** 로즈마리는 큼직하게 다진다.

6 **[샐러드 완성하기]** 가지, 호박에 치커리와 팽이버섯을 모양 좋게
넣고 돌돌 말아 접시에 담고, 토마토와 파프리카를 곁들여 레
몬 소스를 뿌리고 다진 로즈마리를 뿌려 낸다.

재 료 (2인분)

가지 1개, 호박 1/2개, 토마토 1개, 붉
은 파프리카 1개, 치커리 30g, 팽이버
섯 1/2봉지, 로즈마리 2줄기, 올리브
유 적당량

TIP

싱싱한 호박 고르기
꼭지가 싱싱하고 모양이 휘지 않고
표면이 고르며 윤기나는 것
이 좋아요.

레몬 소스 Lemon Sauce

1 레몬과 양파, 오이피클을 곱게 다진다.
2 1에 마요네즈, 설탕, 소금, 식초를 섞어준다.

레몬 1/2개, 양파 1/4개,
오이피클 30g

마요네즈 4큰술,
설탕 1큰술,

소금 약간, 식초 1큰술

문어 샐러드 & 와사비 소스

문어 샐러드에 톡톡 쏘는 와사비 소스로 콧등이 찡하게! 깜짝 비법으로 숨은 솜씨를 맘껏 자랑하세요.

재 료(2인분)

문어(작은 것) 1마리, 셀러리 1대, 팽이버섯 1/2봉지, 붉은 고추 1개, 바질잎 1장, 밀가루 적당량

만들어 보세요

1 [문어 삶기] 문어는 밀가루로 문질러 씻고 끓는 물에 문어를 넣어 20분 정도 삶는다.

2 [셀러리 썰기] 셀러리는 섬유질을 제거하고 5cm 길이로 잘라 굵게 채를 썬다.

3 [팽이버섯 씻기] 팽이버섯은 물에 살짝 한 번만 씻어 밑둥을 정리해 준비한다.

4 [붉은 고추 썰기] 붉은 고추는 송송 썬다.

5 [샐러드 완성하기] 접시에 문어, 셀러리, 팽이버섯, 붉은 고추를 골고루 담고, 그 위에 바질잎을 올리고 와사비 소스를 곁들여 낸다.

 TIP

참치액 다양하게 사용하세요.
참치액은 참치를 발효시켜 만든 것으로 각종 국이나 나물 무침, 잡채 등에 간장 대용으로 사용하면 좋습니다.

와사비 소스 Wasabi Sauce

와사비에 마요네즈를 섞어 잘 풀어주고 참치액, 레몬즙, 생강즙, 소금을 넣어 소스를 완성한다.

와사비 1작은술, 마요네즈 2큰술

참치액 1작은술, 레몬즙 2큰술

생강즙 1작은술, 소금 약간

닭다리살 양배추 샐러드 & 참깨 소스

쫄깃쫄깃 담백한 닭다리살과 채소를 냉장고에 시원하게 두었다가 미리 만들어
둔 참깨 소스를 즉석에서 버무려 드세요.

🍅 **재 료**(2인분)

닭다리살 300g, 붉은 양배추 100g,
오이 1개, 당근 1/2개, 소금 · 후추 ·
레드와인 · 올리브유 적당량 씩

🍀 만들어 보세요

1 **[닭다리살 밑간하기]** 닭다리살은 한 입 크기로 잘라 소금, 후추,
레드와인으로 20분 가량 밑간을 한다.

2 **[양배추 썰기]** 붉은 양배추는 가늘게 채를 썬다.

3 **[오이, 당근 썰기]** 오이는 5cm 길이로 잘라 돌려깎기 해서 가
늘게 채를 썰고, 당근은 5cm 길이로 잘라 가늘게 채를 썬다.

4 **[닭다리살 굽기]** 밑간한 닭다리살은 프라이팬이 뜨거워지면 올
리브유를 두르고 굽는다.

5 **[접시에 담기]** 접시에 준비된 재료들을 돌려 담고 참깨소스를
곁들여 낸다.

TIP

레드와인 이야기

레드 와인은 씨와 껍질을
그대로 발효시켜 붉은 색소
가 추출된 것으로 씨와 껍질
에 있는 탄닌 성분이 함께 추출되어
약간 떫은 맛이 난다. 대표적인 레
드와인은 캐비넷 소비뇽(Cabernet
Sauvignon), 가메(Gamay), 시라
(Syrah), 피노 느와(Pinot Noir) 등
이 있어요.

● **참깨 소스** Sesame Sauce

깨소금 2큰술, 양파즙 2큰술

땅콩버터 1큰술, 레몬즙 1큰술

머스타드 1큰술, 설탕 1큰술

핫소스 1작은술, 소금 1/2작은술

마늘 양파 샐러드 & 검은깨 소스

구워서 달달한 양파와 통으로 익혀 담백한 마늘로 건강도 쑥~쑥! 기분도 쑥~쑥!

만들어 보세요

1 [양파 썰기] 양파는 링으로 썰어서 꼬치에 끼운다.

2 [마늘 준비하기] 마늘은 크지 않은 것으로 준비한다.

3 [새송이버섯 썰기] 새송이버섯은 모양대로 길게 썬다.

4 [은행 껍질 벗기기] 은행은 끓는 물에 넣고, 망 국자로 비벼 껍질을 벗긴다.

5 [피망 썰기] 피망은 가로 2cm, 세로 3cm 길이로 자른다.

6 [밑간하기] 양파, 마늘, 새송이버섯에 소금과 올리브유로 10분 정도 밑간을 한다.

7 [꼬치에 끼우기] 마늘과 은행은 한 개씩 교대로 꼬치에 끼운다.

8 [굽기] 준비한 재료를 오븐이나 그릴 팬에 노릇하게 굽는다.

9 [접시에 담기] 완성된 8을 담고, 검은깨 소스를 뿌려 낸다.

재 료 (2인분)

양파 1개, 마늘 10쪽, 새송이버섯 2개, 은행 10알, 피망(푸른·붉은피망) 1/2개씩, 꼬치 10개, 소금·올리브유 적당량씩

TIP

몸에 좋은 마늘 어떻게 먹는 것이 좋을까요?

마늘의 알리신이라는 성분은 항암 효과가 있고 심장질환 예방에도 좋지요. 마늘을 통째로 식초에 한달 동안 담가 먹거나 꿀에 재워 먹으면 좋고, 통으로 익혀서 먹으면 위의 손상을 막을 수 있어 좋아요.

● **검은깨 소스** Black Sesame Sauce

검은깨 3큰술, 다진오이피클 1큰술

피클 국물 5큰술, 참치액 1큰술

다진 양파 1큰술, 다진 마늘 1작은술, 소금 1작은술

51

콩나물 곤약 샐러드 & 들깨 소스

콩나물과 저칼로리 곤약으로 만든 입맛 살리는 콩나물 곤약 샐러드! 고소한
들깨와 매콤한 고추장이 어우러진 들깨 소스가 조화를 이루어요.

재 료(2인분)

콩나물 200g, 곤약 100g, 오이 1/2개,
붉은 고추 1개

만들어 보세요

1 [콩나물 삶기] 콩나물은 꼬리를 따고 깨끗이 씻어 냄비에 넣은
뒤, 약간의 물을 붓고 삶아 물기를 제거해 차게 준비한다.

2 [곤약 데치기] 곤약은 5cm 길이로 가늘게 채를 썰어 끓는 물에
살짝 데친 뒤 물기를 제거한다.

3 [오이 돌려깎기] 오이는 5cm 길이로 잘라 돌려 깎아 가늘게 채
를 썬다.

4 [붉은 고추 썰기] 붉은 고추는 3cm 길이로 잘라 가늘게 채 썬다.

5 [샐러드 완성하기] 콩나물과 곤약, 오이를 골고루 접시에 담아
붉은 고추를 올리고 들깨 소스를 뿌려낸다.

TIP

콩나물 삶는 요령

콩나물은 뚜껑을 덮고 삶아야 비린
내가 나지 않는다. 김이 나기 전에
뚜껑을 열면 비린내가 나지요. 냄
비에 콩나물을 넣고 약간의 물을
부어 뜨거운 증기로 찌듯 김이 난
후 5분을 넘기지 않아야 아삭하게
삶을 수 있어요.

들깨 소스 Green Perilla Sauce

1 들깨가루에 고추장을 넣어 잘 섞어준다.
2 1에 콜라와 식초를 넣어 상큼한 맛이 나게 잘 저어준다.
3 다진 마늘과 설탕을 넣고 설탕이 녹을 정도로 섞어 마무리한다.

들깨가루 2큰술, 고추장 3큰술   콜라 2큰술, 식초 2큰술   다진 마늘 1작은술, 설탕 2큰술

채소 샐러드 & 파인애플 소스

그린 채소의 상쾌함이 바로 샐러드의 매력! 파인애플 소스의 향긋함과 신
선한 내음이 몸과 마음을 즐겁게 해요.

🍓 재 료(2인분)

양상추 3잎, 셀러리 1대, 치커리 30g,
방울토마토 5개, 게맛살 50g, 메추리
알 5개

🍀 만들어 보세요

1 [양상추 씻기] 양상추는 깨끗이 씻어서 찬물에 담갔다가 물기
를 제거하고 먹기 좋게 뜯어 둔다.

2 [셀러리 썰기] 셀러리는 껍질에 있는 섬유질을 제거하고 어슷
하게 썬다.

3 [치커리 씻기] 치커리는 씻어서 적당하게 뜯어 준비한다.

4 [방울토마토 썰기] 방울토마토는 반으로 썬다.

5 [메추리알 삶기] 메추리알은 냄비에 물을 붓고 소금을 첨가해 9
분 동안 삶아 찬물에 헹군 뒤 껍질을 제거한다.

6 [게맛살 찢기] 게맛살은 5cm 길이로 잘라 가늘게 찢는다.

7 [그릇에 담기] 양상추, 셀러리, 치커리, 방울토마토, 메추리알
을 골고루 섞어 그릇에 담고 게맛살을 올린다.

★ 소스는 먹기 직전에 뿌려 낸다.

● 파인애플 소스 Pineapple Sauce

1 파인애플, 양파, 옥수수콘, 오이피클을 믹서에 넣고 곱게 간다.

2 1에 올리브유, 꿀, 레몬즙, 소금을 섞어 소스를 완성한다.

파인애플링 2개, 양파 1/4개, 옥수수콘 1/2컵,
오이피클 30g

올리브유 3큰술, 꿀 1큰술

레몬즙 3큰술,
소금 1/2작은술

시금치 샐러드 & 배 소스

국 또는 나물로만 먹던 시금치가 특별한 샐러드로 변신한다! 녹색 진한
시금치로 만든 웰빙식 샐러드의 매력에 빠져 보세요.

만들어 보세요

1 [시금치 씻기] 시금치는 잎을 떼고 깨끗이 씻어 물기를 제거한다.

2 [베이컨 굽기] 베이컨은 바삭하게 구워 키친타월로 눌러 기름기
를 뺀 다음 적당하게 썬다.

3 [포도 자르기] 포도는 식초를 한 방울 떨어뜨려 씻고, 반으로 잘
라 씨를 제거한다.

4 [레드 치커리 씻기] 치커리는 깨끗이 씻어서 물기를 제거하고 적
당하게 자른다.

5 [방울토마토 자르기] 방울토마토는 깨끗이 씻어 물기를 제거하고
반으로 자른다.

6 [그릇에 담기] 준비된 재료들을 그릇에 보기 좋게 담고, 로즈마
리를 올려 배 소스를 곁들여 낸다.

재 료 (2인분)

시금치 150g, 베이컨 50g, 포도 10알,
레드 치커리 50g, 방울토마토 5개, 로
즈마리 2잎

TIP

직접 만드는 향채 오일

유리병을 깨끗이 씻어 소독을 하고
다진 로즈마리 3큰술, 다진 마늘 1
큰술, 송송 썰은 붉은 고추(건고추)
2큰술을 넣고 포도씨유를 부어 15
일 정도 숙성시키면 향이 특별한
오일이 됩니다.

배 소스 Pear Sauce

1 배즙에 요구르트와 포도씨유를 넣고 잘 섞어준다.
2 레몬즙과 꿀을 섞은 후 소금과 후추로 마무리한다.

배즙 1큰술, 요구르트 3큰술,
포도씨유 2큰술

레몬즙 2큰술,
꿀 1큰술

소금 · 후추 약간씩

연두부 샐러드 & 올리브유 소스

다이어트 식품 연두부로 만든 고단백 저칼로리 연두부 샐러드! 식사대용으로도 문제없어요.

🍀 만들어 보세요

1 **[연두부 준비하기]** 연두부는 망에 받쳐 간수를 빼고 수저로 뚝뚝 떼거나 칼로 두께 2cm, 길이 5cm로 썬다.

2 **[토마토 썰기]** 토마토는 반달 모양으로 썬다.

3 **[양상추 씻기]** 양상추는 씻어서 물기를 제거하고 먹기 좋게 뜯어 둔다.

4 **[치커리 씻기]** 치커리는 씻어서 물기를 빼고 잘라 준비한다.

5 **[싹채소 손질하기]** 싹채소는 물에 살살 흔들어 씻고, 물기를 제거한다.

6 **[완성해서 담기]** 그릇에 연두부, 토마토, 양상추, 치커리, 싹채소를 예쁘게 담아 올리브유 소스를 뿌려 낸다.

🍓 **재 료**(2인분)

연두부 1모, 토마토 1개, 양상추 2잎, 치커리 30g, 각종 싹채소 100g

 TIP

싹채소를 쑥쑥 길러 보아요.

무순, 배추싹, 알파파, 열무 등의 씨앗을 구입해서 깊은 그릇에 솜을 깔고 물을 뿌린 뒤 씨앗을 듬성듬성 뿌린다. 하루에 두 번 정도 물을 주고 검은 천을 덮어 두면 3일째 싹이 올라온다. 싹이 트면 천을 벗기고 물을 주며 키운다. 6일 정도 지나면 싹을 뽑아서 사용할 수 있다.

● 올리브유 소스 Olive Oil Sauce

올리브유 4큰술, 식초 1큰술　　레몬즙 1큰술, 설탕 1큰술　　간장 1큰술, 소금·후추 약간씩

59

새싹 샐러드 & 검은콩 소스

직접 볶아 갈아 만든 검은콩가루의 고소한 맛은 샐러드, 비빔밥, 국수, 어디에나 잘 어울리는 최고의 맛이예요.

🍀 만들어 보세요

1 [새싹 씻기] 새싹은 물에 흔들어 씻어 물기를 제거한다.

2 [파프리카 자르기] 붉은 파프리카는 0.5cm 두께의 둥근 모양으로 자른다.

3 [파슬리 다지기] 파슬리는 잎만 따서 곱게 다진다.

4 [접시에 담기] 접시에 파프리카를 놓고, 그 위에 새싹을 올린 후 검은콩 소스를 끼얹은 다음 파슬리 가루를 뿌린다.

🍓 재 료 (2인분)

각종 새싹 30g씩, 붉은색 파프리카 1개, 파슬리 1줄기

 TIP

검은콩 두유 만들기

검은콩 1컵과 우유 3컵, 약간의 소금이 필요해요. 검은콩은 물에 불린 후 콩이 잠길 정도로 물을 부어 8분 정도 삶아요. 콩이 식으면 믹서에 콩과 우유를 넣고 곱게 갈아 약간의 소금으로 간을 하여 검은콩 두유를 만들어요.

검은콩 소스 Black Soybean Sauce

1 검은콩은 물에 씻어 프라이팬에 넣고 은근하게 익을 때까지 볶은 후 식으면 믹서에 곱게 간다.

2 1에 우유와 꿀을 섞어 소스를 완성한다.

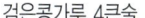

검은콩가루 4큰술   우유 1/3컵(70ml)   꿀 1큰술

해초(다시마)샐러드 & 사과 레몬 소스

바다의 맛 해초는 영양이 높고 비만 예방에 탁월하며, 우리 몸에 쌓인 중
금속과 환경 호르몬을 흡착 배설하며 스트레스 해소에도 으뜸이지요.

재 료(2인분)

샐러드용 해초(다시마) 150g, 양파
1/2개, 레몬 1개

만들어 보세요

1 [해초 자르기] 샐러드용 해초(다시다)는 물에 20분 정도 담가
  짠맛을 없앤 뒤 적당한 크기로 자른다.

2 [양파 썰기] 양파는 곱게 채를 썰어 물에 담가 매운맛을 제거
  한다.

3 [레몬 썰기] 레몬은 반으로 잘라 얇게 반달 모양으로 썬다.

4 [그릇에 담기] 샐러드용 해초와 레몬, 양파채를 그릇에 담고 사
  과 레몬 소스를 뿌리거나 곁들여 낸다.

TIP

레몬즙 쉽게 짜는 요령

싱싱한 레몬을 골라 손으로 꾹꾹
눌러 전자레인지에 20초 가열한
후 반으로 잘라 짜면 쉽게 레몬즙
을 사용할 수 있어요.

● **사과 레몬 소스** Apple Lemon Sauce

1 사과즙과 레몬즙을 섞어준다.
2 설탕과 통깨를 넣어 상큼한 사과 레몬 소스를 완성한다.

사과즙 1큰술, 레몬즙 2큰술

설탕 1큰술, 통깨 약간

천사채 샐러드 & 딸기 요구르트 소스

오독오독 씹히는 천사채를 영양 풍부한 채소와 함께 먹을 수 있는 천사채
샐러드! 칼로리가 낮아 다이어트 음식으로 좋아요.

🍓 재 료(2인분)

천사채 150g, 당근 1/4개, 푸른 피망
1/2개, 붉은 피망 1/2개, 치커리 40g

🍀 만들어 보세요

1 [천사채 자르기] 천사채는 찬물에 씻어 먹기 좋게 자른다.

2 [당근 썰기] 당근은 5cm 길이로 채를 썬다.

3 [피망 썰기] 푸른 피망과 붉은 피망은 5cm 길이로 채를 썬다.

4 [치커리 씻기] 치커리는 깨끗이 씻어서 적당하게 자른다.

5 [샐러드 접시에 담기] 천사채, 당근, 피망, 치커리를 딸기 요구
르트 소스에 골고루 버무려서 접시에 담는다.

TIP

천사채 샐러드 & 겨자소스

위와 같은 방법으로 천사채 샐러드
를 준비하고, 겨자소스(연겨자 1큰
술, 설탕 2큰술, 식초 2큰술, 물 2
큰술, 연유 1큰술, 땅콩버터 1큰술,
소금 약간)로 버무리면 또 다른 맛
을 즐길 수 있어요.

• 딸기 요구르트 소스 Strawberry Yogurt Sauce

1 플레인 딸기 요구르트에 설탕을 넣
어 잘 저어준다.

2 레몬즙과 식초를 넣고 옥수수콘과
소금을 넣어 잘 섞어준다.

플레인 딸기 요구르트 1통
(120g), 설탕 1큰술

레몬즙 1큰술, 식초 1큰술

옥수수콘 2큰술, 소금 1작은술

해파리 오징어 샐러드 & 유자 소스

맛있고 건강하게 즐길 수 있는 간단 웰빙식 다이어트 해파리 오징어 샐러드와 향긋한 향과 달콤한 유자 소스는 잘 어우러지므로 색다른 맛을 느낄 수 있어요.

🍅 재 료(2인분)

해파리 300g, 오징어 1마리, 새우 6마리, 오이 1/2개, 붉은 고추 1개, 소금·후추 적당량씩

🍀 만들어 보세요

1 [해파리 데치기] 해파리는 물에 바락바락 치대어 끓는 물과 찬 물에 번갈아 담구기를 3회 반복하여 5cm 길이로 자른다.

2 [오징어 칼집 넣기] 오징어는 껍질을 벗기고 배 안쪽에 세로로 칼집을 넣고 5cm로 잘라 칼집을 한번 넣고 다시 자르고 반복해서 잘라 끓는 물에 소금을 넣고 살짝 데쳐 차게 식힌다.

3 [새우 데치기] 새우는 내장을 제거하고 끓는 물에 약간의 소금을 넣고, 살짝 데쳐 식으면 꼬리를 남기고 껍질을 제거한다.

4 [오이 썰기] 오이는 5cm로 잘라 돌려 깎아 가늘게 채를 썬다.

5 [고추 썰기] 붉은 고추는 5cm 길이로 잘라 곱게 채를 썬다.

6 [그릇에 담기] 그릇에 해파리, 오징어, 새우, 오이, 붉은 고추를 섞어 담고, 유자 소스를 뿌리거나 곁들여 낸다.

유자청을 집에서 만들어 보아요.

유자 8개를 준비해 깨끗이 씻어 물기를 제거하고 반으로 잘라 씨를 뺀 후 얇게 저며 꿀 1컵과 설탕 1컵을 섞어 저민 유자에 잘 버무려 소독한 유리병에 꾹꾹 눌러 담고, 그 위에 1/3컵의 설탕을 부어 유자가 보이지 않게 해야 색이 변하지 않아요. 20일 정도 숙성시키면 먹을 수 있어요.

● **유자 소스** Citron Sauce

유자청 5큰술, 레몬즙 3큰술

식초 2큰술, 설탕 2큰술, 소금 약간

토마토 이야기

토 마토는 '건강'이란 말이 먼저 떠오르는 식품으로 널리 알려져 있다. 토마토는 수분이 95%를 차지하는데 비타민 함량이 우수하다. 토마토는 샐러드로 많이 사용되며 가공식품으로는 통조림, 주스, 토마토 페이스트, 케첩으로 주로 이용된다.

토마토는 가지과의 한해살이풀로 가지가 잘 갈라져 땅에 닿기만 해도 쉽게 뿌리를 내리며 줄기나 잎에 솜털이 나 있고 토마토의 독특한 향이 있다.

토마토의 붉은 색소는 리코펜이라는 성분으로 노화방지에 효과적이다. 토마토에 다량 함유된 비타민 C는 발암 물질을 억제하여 위암, 폐암, 자궁암, 췌장암 등에 효과가 있다고 밝혀진 바 있다. 저칼로리 건강 식품이자 다이어트에 최고 식품인 토마토로 다양한 음식을 만들어 보자.

토마토 카나페 만들기

재 료 완숙 토마토 2개, 크래커 1봉지, 슬라이스 치즈 5장, 토마토 케첩 또는 생크림 적당량

만드는 방법

❶ 토마토는 둥근 모양으로 잘라 4등분 한다.

❷ 크래커를 준비하고 슬라이스 치즈는 삼각형 모양으로 자른다.

❸ 크래커에 토마토와 치즈를 올리고 케첩이나 생크림을 바른다.

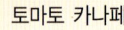

토마토 카나페

토마토 소스

토마토 소스 만들기

재 료 토마토 3개(200g), 토마토 페이스트 2큰술, 양파 1/2개, 당근 1/2개, 셀러리 1대, 버터 2큰술, 밀가루 3큰술, 다진 마늘 1큰술, 물 2컵, 월계수잎 2장

만드는 방법

① 토마토는 잘 익은 것으로 준비하여 토마토에 열 십자로 칼집을 넣어 끓는 물에 살짝 데쳐 껍질을 제거하고 곱게 다진다.

② 양파, 당근, 셀러리는 곱게 채로 썬다.

③ 프라이팬이 달궈지면 버터를 녹이고 ②를 넣어 볶다가 밀가루를 넣고 진한 갈색이 나면 다진 토마토와 토마토 페이스트를 넣고 볶다가 물과 월계수잎을 넣은 뒤 30~40분 정도 뭉근하게 끓여 준다.

④ 완성된 ③을 체에 걸러 소스 볼에 담아 낸다.

토마토 주스 만들기

재 료 완숙 토마토 2개, 조각 얼음 4쪽, 꿀 1큰술

만드는 방법

① 믹서에 토마토와 조각 얼음을 넣고 곱게 간다. 이때 조각 얼음은 토마토의 영양소 파괴를 줄여 준다.

② ①에 꿀을 타서 토마토 주스를 완성한다.

토마토 주스

Chapter **3**

건강한 피부를 위한
샐러드 & 소스

탱탱하고 건강한 피부를 위해 싱싱한 샐러드로
비타민을 균형있게 섭취하고 싶다면
좋아하는 채소 혹은 과일에
소스를 끼얹기만 하면 되는 샐러드를 만들어 보세요.
각종 과일과 신선한 채소류에 함유된 비타민 C는
건강한 피부와 노화방지에 필수입니다.

훈재 연어 샐러드 & 청국장 소스

청국장의 구수한 맛으로 연어의 담백하고 깊은 맛을 더욱 뽐내보세요.

🍓 재 료(2인분)

훈재연어 250g, 치커리 50g, 팽이버섯 50g, 무순 10g

🍀 만들어 보세요

1 [훈재연어 준비하기] 슬라이스 된 훈재연어는 살짝 냉동상태로 준비한다.
   ★ 연어가 녹으면 찢어지므로 살짝 냉동상태로 유지한다.

2 [치커리 씻기] 치커리는 깨끗이 씻어 반드시 물기를 제거한다.
   ★ 물기를 제거하지 않으면 물이 생겨 소스가 싱거워진다.

3 [팽이버섯 준비하기] 팽이버섯은 물에 살짝 씻어 밑둥을 잘라 준비한다.

4 [무순 씻기] 무순은 뿌리부분을 정리하여 자르고 씻은 후 물기 제거한다.

5 [샐러드 완성하기] 훈재연어에 치커리, 팽이버섯, 무순을 넣고 돌돌 말아서 접시에 예쁘게 담고 청국장 소스를 뿌려낸다.
   ★ 청국장을 믹서에 곱게 갈아서 사용해도 좋다.

TIP

청국장 이야기

청국장은 소화가 잘 되고 영양이 높지요. 메주콩을 물에 푹 불려서 비린내가 나지 않을 정도로 삶아 볼에 짚을 깔고 삶은 콩을 올려 이불이나 담요로 덮어 40℃를 유지해 하루 정도 지나면 진이 생겨 먹을 수 있어요. 말린 가루를 우유에 타서 하루에 2번 이상 마시면 다이어트에 좋아요.

🟠 청국장 소스 Fermented Soybeans Sauce

➕

➕

청국장 분말 2큰술,
레몬즙 3큰술

마요네즈 3큰술, 꿀 1큰술,
생강즙 1/2작은술

양파즙 3큰술, 소금 1/2작은술

새우 아스파라거스 샐러드 & 잣 고추장 소스

새우의 담백함과 아스파라거스가 입맛을 돋궈주는 새우 아스파라거스 샐러드! 고소하고 매콤한 소스가 피로를 풀어주어 피부미용에도 좋아요.

🍓 **재 료**(2인분)

새우(대하) 10마리, 아스파라거스 6대, 배 1/2개, 당근 1/2개, 소금·식용유·설탕 적당량씩

🍀 만들어 보세요

1 **[새우 삶기]** 새우는 등쪽 마디에서 내장을 제거한 후 끓는 물에 소금을 넣고 삶는다.

2 **[새우 껍질 제거하기]** 삶은 새우는 찬물에 식혀 껍질을 제거한다. 차게 식혀 껍질을 벗겨야 새우의 선명한 색을 유지할 수 있다.

3 **[아스파라거스 데치기]** 아스파라거스는 깨끗이 씻어 끓는 물에 소금과 식용유를 넣고 밑둥부터 데친다.

   ★ 아스파라거스는 데친 후 물에 씻지 않은 상태로 식혀야 윤기를 보존할 수 있다.

4 **[배 썰기]** 배는 가로 2cm, 세로 4cm로 잘라 설탕물에 담갔다가 건져 물기를 제거한다.

5 **[당근 썰기]** 당근은 배와 같은 크기로 자른다.

6 **[담아내기]** 그릇에 새우, 아스파라거스, 배, 당근을 돌려 담고 잣 고추장 소스를 뿌려낸다.

● 잣 고추장 소스 Pine Nut Gochujang Sauce

잣은 키친타월에 놓고 곱게 다지고 나머지 재료를 섞어 소스를 완성한다.

다진 잣 2큰술, 고추장 3큰술

연겨자 1작은술, 설탕 2큰술, 꿀 1큰술

레몬즙 3큰술, 소금 1/2작은술

해물 샐러드 & 딸기 소스

딸기 소스가 맛있는 해물 샐러드와 음식의 맛을 달콤한 핑크 빛으로 변신 시켜요.

만들어 보세요

1 **[오징어 손질하기]** 오징어는 내장을 제거하고 키친타월로 껍질을 잡고 벗겨낸 후 깨끗이 씻어 배쪽에 대각선으로 칼집을 넣어 솔방울 모양으로 만들고 삼각형으로 자른다.

2 **[키조개 자르기]** 키조개는 관자를 분리하여 소금물에 살짝 씻어 0.5cm 두께로 썬다.

3 **[중합 씻기]** 중합은 소금물에 해감시켜 준비한다.

4 **[새우 손질하기]** 새우는 내장을 제거하고 소금물에 씻는다.

5 **[치커리 씻기]** 치커리는 깨끗이 씻어서 물기를 제거하고 적당하게 뜯어 놓는다.

6 **[파프리카 썰기]** 파프리카는 5cm 길이로 잘라 포를 떠서 곱게 채를 썬다.

7 **[준비된 재료 데치기]** 준비된 오징어, 키조개, 중합, 새우를 순서대로 끓는 물에 무 1쪽과 약간의 소금을 넣고 데친다.

8 **[접시에 담아내기]** 접시에 데친 7과 치커리, 파프리카를 골고루 모양을 내서 담고 딸기 소스를 끼얹어 낸다.

재 료(2인분)

오징어 1마리, 키조개 4개, 중합 4개, 새우 6마리, 치커리 50g, 붉은 파프리카 1/2개, 무 1쪽, 소금 적당량

TIP

오징어 쉽게 껍질 벗기기
오징어의 껍질은 미끄러워서 잘 벗겨지지 않지요. 키친타월로 벗기면 쉽게 벗길 수 있어요. 해물 데칠때 무는 해물의 색을 선명하게 해요.

● **딸기 소스** Strawberry Sauce

딸기는 믹서에 갈고 올리브유, 레몬즙, 다진 셀러리, 소금, 후추를 넣어 소스를 완성한다.

딸기 10개(200g), 올리브유 3큰술

레몬즙 2큰술, 다진 셀러리 1큰술

소금 · 후추 약간씩

브로콜리 샐러드 & 고추장 소스

비타민 A가 풍부한 브로콜리 샐러드는 각종 생활 습관병 예방, 피부 노화 방지, 감기 예방에 효과적이지요.

🍓 재 료(2인분)

브로콜리 100g, 오징어 1마리, 게맛살 2개, 양상추 2잎, 소금·식용유 적당량씩

🍀 만들어 보세요

1 **[브로콜리 데치기]** 브로콜리는 가닥가닥 떼어서 깨끗이 씻고, 끓는 물에 소금과 식용유를 넣고 데쳐서 차게 식힌다.

2 **[오징어 손질하기]** 오징어는 키친타월로 껍질을 잡고 벗겨 대각선 방향으로 칼집을 넣고 가로 2cm, 세로 4cm로 잘라 끓는 물에 살짝 데친다.

3 **[게맛살 찢기]** 게맛살은 적당하게 찢는다.

4 **[양상추 씻기]** 양상추는 깨끗이 씻어서 물기를 제거하고 적당하게 뜯어 준비한다.

5 **[완성해서 그릇에 담기]** 그릇에 브로콜리, 오징어, 게맛살, 양상추를 보기 좋게 담고, 고추장 소스를 끼얹어 낸다.

TIP

브로콜리를 데칠 때 소금과 식용유를 넣는 이유?

브로콜리는 가닥가닥 떼어서 깨끗이 씻어 끓는 물에 소금과 식용유를 넣고 데치는데 소금은 브로콜리의 색을 선명하게 하고, 식용유는 윤기나게 하지요. 데쳐서 씻지 말고 그대로 식혀야 해요.

고추장 소스 Gochujang Sauce

1 고추장에 간장을 넣어 잘 섞어준다.

2 콜라와 상큼한 레몬즙을 넣고 설탕과 검은깨를 넣어 소스를 완성한다.

+

+

고추장 2큰술, 간장 1작은술 | 콜라 2큰술, 레몬즙 2큰술 | 설탕 2큰술, 검은깨 1작은술

쌀국수 샐러드 & 식초 소스

잘 삶은 쌀국수, 담백한 새우, 다시마가 모여서 맛이 어우러진 쌀국수 샐러드와
상큼한 식초 소스의 궁합!

🍓 **재 료**(2인분)

쌀국수 150g, 새우 8마리(양파 10g),
레몬즙 적당량, 오이 1/2개(단촛물 :
식초 3큰술, 설탕 3큰술, 소금 1작은
술), 게맛살 3개, 붉은 양배추 50g,
달걀 2개(소금 · 식용유 적당량씩), 다
시마 10x10cm 1장

🍀 만들어 보세요

1 [쌀국수 삶기] 쌀국수는 끓는 물에 소금을 넣고 삶아 찬물에 씻
어 준비한다.

2 [새우 삶기] 새우는 등쪽 마디에 이쑤시개를 찔러 내장을 제거
하고, 물에 양파 1쪽을 넣고 삶아 식으면 꼬리만 남긴 채 껍질
을 벗겨 레몬즙을 뿌려준다.

3 [오이 썰기] 오이는 둥글게 썰어 단촛물에 절인다.

4 [게맛살 찢기] 게맛살은 5cm 길이로 잘라 가늘게 찢는다.

5 [붉은 양패추 썰기] 붉은 양배추는 가늘게 채를 썬다.

6 [달걀 지단 부치기] 달걀은 흰자와 노른자를 분리해 각각 약간
의 소금을 넣고, 프라이팬이 달궈지면 식용유를 두르고 지단
을 부쳐 식으면 5cm 길이로 가늘게 채를 썬다.

7 [다시마 썰기] 다시마는 물에 30분 정도 담가 불린 후 5cm 길
이로 잘라 가늘게 채를 썬다.

8 [접시에 담기] 완성된 재료들을 접시에 골고루 담고 식초 소스
를 끼얹어 낸다.

 TIP

달걀지단 부치기

지단을 부칠 때 잘 찢어지고, 뭉쳐
고민이지요. 특히 흰자는 부치기가
더욱 힘들어요. 지단을 뒤집을 때
긴 젓가락을 지단 밑 부분에 넣고,
지단을 들어 올려 다시 위쪽을 먼
저 프라이팬에 내려 펴주면 뭉치지
도 찢어지지도 않고 깔끔하게 지단
을 부칠 수 있어요.

● 식초 소스 Vinegar Sauce

식초 10큰술,
올리브유 4큰술

➕

설탕 5큰술, 다진 마늘 1큰술

➕

소금 · 후추 약간씩

라이스 페이퍼 샐러드 & 간장 겨자 소스

바삭하게 튀겨 고소하고 채소와 만나 더욱 맛있는 라이스 페이퍼! 입에서
살살 녹을 것만 같아요.

만들어 보세요

1 [라이스 페이퍼 튀기기] 라이스 페이퍼는 프라이팬에 식용유를
두르고 180℃에서 바삭하게 튀겨 식으면 적당하게 자른다.

2 [오이 썰기] 오이는 5cm로 잘라 돌려깎기 하여 가늘게 채를
썬다.

3 [붉은 양배추 썰기] 붉은 양배추는 곱게 채를 썬다.

4 [파프리카 썰기] 노란 파프리카, 붉은 파프리카는 포를 떠서 길
이대로 가늘게 채를 썬다.

5 [접시에 담기] 튀긴 라이스 페이퍼, 오이, 붉은 양배추, 파프리
카를 골고루 담고 먹기 직전에 간장 겨자 소스를 뿌려 낸다.

재 료(2인분)

라이스 페이퍼 8장, 오이 1/2개, 붉은
양배추 50g, 노란 파프리카 1/2개,
붉은 파프리카 1/2개, 식용유 적당량

간장 겨자 소스 Soy Mustard Sauce

1 간장, 연겨자, 설탕을 섞어 설탕이 녹을 때까지 저어준다.

2 식초와 와사비를 넣고 꿀과 다진 파프리카를 넣어 소스를 완성한다.

간장 5큰술, 연겨자 1작은술,
설탕 2큰술

식초 3큰술,
와사비 1/3작은술

꿀 1작은술, 다진(노란색, 붉은색)
파프리카 각각 1큰술

주꾸미 샐러드 & 와인 소스

주꾸미에 달걀 지단, 고추, 무순을 함께 돌돌 말아 와인 소스를 듬뿍 뿌려
먹으면 씹히는 맛이 환상이예요.

만들어 보세요

1 [주꾸미 데치기] 주꾸미는 머리의 내장을 제거하고 밀가루로
문질러 씻어 끓는 물에 살짝 데쳐 식힌다.

2 [달걀 지단 부치기] 달걀은 흰자와 노른자를 분리해 약간의 소금
을 넣고 프라이팬에 부친 다음 가로 1cm, 세로 4cm로 자른다.

3 [붉은 고추 썰기] 붉은 고추는 가로 0.5cm, 세로 3cm로 자른다.

4 [무순 씻기] 무순은 가지런히 밑둥을 정리하고 살짝 씻는다.

5 [대파 썰기] 대파는 5cm 길이로 잘라 가늘게 채를 썰어 찬물
에 담갔다가 물기를 제거한다.

6 [쪽파 데치기] 쪽파는 끓는 물에 소금을 약간 넣고 살짝 데쳐서
준비한다.

7 [모양 만들기] 달걀 지단 흰색과 노란색 위에 주꾸미를 놓고,
무순과 붉은 고추를 올린 후 쪽파로 돌돌 감아 젓가락으로 찔
러 넣어 마무리한다.

8 [접시에 담기] 접시에 **7**을 담고 채썬 대파를 담아 와인 소스를
곁들여 낸다.

🍓 **재 료**(2인분)

주꾸미 5마리(밀가루 적당량), 달걀 3개
(소금 약간), 붉은 고추 4개, 무순 30g,
대파 2대, 쪽파 100g

TIP

싱싱한 주꾸미 고르기

주꾸미는 3~4월이 제철이죠. 냄새
가 나지 않고 손으로 눌렀을 때 탄
력이 있는 것이 싱싱해요.

● **와인 소스** Wine Sauce

백포도주 3큰술,
꿀 1큰술

식초 3큰술, 참깨 6큰술

청주 2큰술, 소금 약간

골뱅이 샐러드 & 초고추장 소스

입맛이 없을 때 매콤한 초고추장 소스에 버무려 먹는 골뱅이 샐러드는 모두가 먹고 싶어하는 베스트 푸드랍니다.

재료(2인분)

골뱅이(통조림) 1/2통, 영양부추 30g, 오이 1/2개, 붉은 양배추 30g, 양파 1/2개, 깻잎 4장, 대파 1대, 붉은 고추 2개

만들어 보세요

1 [골뱅이 썰기] 골뱅이는 납작하게 썬다.

2 [영양부추 자르기] 영양부추는 깨끗하게 씻어 5cm 길이로 자른다.

3 [오이 썰기] 오이는 반으로 갈라 어슷하게 썬다.

4 [양배추 썰기] 붉은 양배추는 굵게 채를 썬다.

5 [양파 썰기] 양파는 가늘게 채를 썰어 찬물에 담가 매운맛을 제거한다.

6 [깻잎 썰기] 깻잎은 가늘게 채를 썬다.

7 [대파 썰기] 대파는 5cm 길이로 잘라 가늘게 채를 썬다.

8 [붉은 고추 썰기] 붉은 고추는 3cm 길이로 곱게 채를 썬다.

9 [접시에 담아내기] 접시에 골뱅이, 영양부추, 오이, 붉은 양배추, 양파를 고추장 소스에 버무려 담고 깻잎, 대파, 붉은 고추를 올린다.

초고추장 소스 Vinegared Gochujang Sauce

고추장 2큰술, 고춧가루 1큰술

다진 마늘 1큰술, 양파즙 1작은술

생강즙 1/2작은술, 식초 2큰술

레몬즙 2큰술, 깨소금 1작은술

설탕 1작은술, 참기름 1작은술

87

오징어 도라지 샐러드 & 고추 소스

쫄깃쫄깃한 오징어에 도라지 향이 솔솔, 매콤한 고추 소스의 만남이 환상
적인 샐러드의 신선함을 입안 가득 느껴보세요.

만들어 보세요

1 [오징어 손질하기] 오징어는 내장을 제거하고 깨끗이 씻어 몸통
   은 둥근 모양으로 자르고 다리는 5cm 길이로 잘라 끓는 물에
   약간의 소금을 넣고 데친다.

2 [도라지 씻기] 도라지는 껍질을 돌려 까고 소금으로 문질러 쓴
   맛을 제거한 후 방망이로 밀어서 가늘게 찢는다.

3 [오이 썰기] 오이는 둥근 모양으로 얇게 썰어 소금에 살짝 절여
   물기를 제거한다.

4 [미나리 자르기] 미나리는 깨끗이 씻어 5cm 길이로 자른다.

5 [잣 준비하기] 잣은 고깔을 떼고 키친타월로 깨끗이 닦아 준비
   한다.

6 [붉은 고추 썰기] 붉은 고추는 송송 썬다.

7 [샐러드 완성하기] 데친 오징어, 도라지, 오이, 미나리, 붉은 고
   추를 섞어 고추 소스로 골고루 버무려 접시에 담고 잣을 뿌
   려 낸다.

🍓 재 료(2인분)

오징어 1마리, 도라지 4뿌리(100g),
오이 1/2개, 미나리 50g, 잣 2큰술,
붉은 고추 1개, 소금 적당량

TIP

도라지 이야기

도라지는 파종 후 2년 정도 지나면
먹을 수 있어요. 주로 생채나 무침
으로 많이 사용하고, 약용으로도
많이 사용하지요. 도라지를 껍질째
솔로 깨끗이 씻어 볕이 좋은 곳에
서 말려 은근히 달여 마시면 기관
지에 좋지요. 가래가 심할 경우에
는 생으로 먹어도 좋아요. 잎과 줄
기를 함께 달여 마셔도 좋답니다.

고추 소스 Hot Red Pepper Sauce

고춧가루 1큰술, 고추장 1큰술,
콜라 1큰술

레몬즙 1큰술, 식초 1큰술,
통깨 1큰술

간장 1큰술, 다진 마늘 1작은술,
설탕 1큰술

모둠 채소 샐러드 & 간장 소스

채소와 과일만 있으면 뚝딱 손쉽게 완성되는 샐러드! 비타민이 듬뿍 들어 있는 훌륭한 샐러드랍니다.

🍓 **재 료**(2인분)

양상추 2잎, 적색 치커리 30g, 당귀 30g, 비타민 30g, 교나 30g, 노란 파프리카 1/2개, 붉은 파프리카 1/2개, 방울토마토 5개

🍀 만들어 보세요

1 [양상추 자르기] 양상추는 깨끗이 씻어 물기를 제거하고 적당한 크기로 자른다.

2 [치커리, 당귀 씻기] 적색 치커리와 당귀는 적당하게 뜯어 준비한다.

3 [비타민, 교나 씻기] 비타민과 교나는 씻어서 물기를 제거한 뒤 적당한 크기로 자른다.

4 [파프리카 썰기] 노란 파프리카와 붉은 파프리카는 둥근 모양으로 썬다.

5 [방울토마토 자르기] 방울토마토는 반으로 자른다.

6 [그릇에 담기] 샐러드 그릇에 양상추, 치커리, 당귀, 비타민, 교나, 파프리카, 방울토마토를 골고루 담고 간장 소스를 곁들여 낸다.

TIP

딸기잼 만들기

딸기 1kg을 준비해서 깨끗이 씻어 꼭지를 따고 냄비에 넣고 끓인다 (이때 물을 넣지 않아도 딸기에서 수분이 생깁니다). 딸기가 어느 정도 졸여지면 설탕 1컵을 넣고 레몬즙 2큰술(레몬즙이 딸기의 색을 더욱 선명하게 한답니다)을 넣어 은근하게 조려 잼을 냉수에 떨어뜨려 퍼지지 않으면 완성되었으므로 불을 끄고 식혀서 유리병에 담아 보관합니다.

● **간장 소스** Soy Sauce

간장 2큰술, 식초 2큰술   설탕 1큰술, 딸기잼 1큰술, 마요네즈 1큰술

더덕 샐러드 & 된장 소스

방망이로 듬성듬성 밀고 길게 쭉쭉 찢은 더덕의 그윽한 향과 사각사각
씹히는 맛이 구수한 전통 된장 소스와 만나 입안 가득 행복해요.

🍓 재 료 (2인분)

더덕 6뿌리(200g), 영양부추 50g,
양파 1/2개, 곶감 2개, 호두 4쪽, 밤
2개, 잣 2큰술

🍀 만들어 보세요

1 [더덕 손질하기] 더덕은 껍질을 벗기고 방망이로 밀고 가늘게
   찢어 5cm 길이로 자른다.

2 [영양부추 썰기] 영양부추는 5cm 길이로 자른다.

3 [양파 썰기] 양파는 둥근 모양으로 썰어서 가닥가닥 떼어 찬물
   에 담가 매운맛을 제거한다.

4 [곶감 자르기] 곶감을 반으로 잘라 호두를 넣고 돌돌 말아서 둥
   근 모양으로 자른다.

5 [밤 굽기] 밤은 겉 껍질만 벗기고 쇠젓가락으로 찔러 불에 잠
   시 구워 율피를 벗기고 납작하게 썬다.

6 [잣 손질하기] 잣은 고깔을 떼고 키친타월로 닦아 준비한다.

7 [샐러드 완성하기] 그릇에 더덕, 영양부추, 양파, 곶감, 밤을 골
   고루 섞어 담고 된장 소스를 뿌린 후 잣을 올린다.

TIP

더덕 이야기

육질이 연하고 향이 강하며 아삭아
삭 씹히는 맛이 좋습니다. 더덕은
신체의 오장을 건강하게 하지
요. 기관지염, 기침, 가래에
효능이 있으며, 피로회복
에도 좋아요.

● **된장 소스** Toenjang Sauce

된장, 배, 양파를 곱게 믹서하고 나머지 재료를
섞어 된장 소스를 완성한다.

된장 2큰술, 배 30g,
양파 30g

생강즙 1/2작은술, 매실 엑기스
2큰술, 연겨자 1작은술

마요네즈 3큰술,
설탕 2큰술

교나 식빵 샐러드 & 레몬 올리브유 소스

풋풋한 내음의 교나와 바삭 바삭한 식빵에 상큼한 레몬 올리브유 소스가
어우러져 맛도 두 배! 영양도 두 배!

만들어 보세요

1 [교나 씻기] 교나는 깨끗이 씻어서 적당하게 뜯어 놓는다.

2 [식빵 굽기] 곡물 식빵은 삼각형 모양으로 잘라 프라이팬에 식
   용유를 두르지 않고 노릇하게 굽는다.

3 [양파 썰기] 양파는 둥근 모양으로 썰어 찬물에 담가 매운맛을
   제거한 뒤 물기를 제거한다.

4 [방울토마토 썰기] 방울토마토는 2등분 한다.

5 [그릇에 담기] 그릇에 교나, 식빵, 양파, 방울토마토를 골고루
   담고, 레몬 올리브유 소스를 곁들여 낸다.

재 료(2인분)

교나 200g, 곡물 식빵 4장, 양파 1/2
개, 방울토마토 5개

샌드위치를 만들어 보아요

식빵 4장, 슬라이스 치즈 2장, 슬라이
스 햄 2장, 양상추 2장, 토마토 1개,
달걀 2개, 케첩, 마요네즈, 머스터드
적당량

1 식빵은 노릇하게 굽는다.
2 슬라이스 햄은 프라이팬에 굽는다.
3 토마토는 둥근 모양으로 썬다.
4 달걀은 프라이한다.
5 구운 식빵에 머스터드를 바르고
   치즈를 먼저 올린 후 햄, 양상추,
   토마토, 달걀 프라이를 얹고 케첩
   과 마요네즈를 뿌려 식빵을 덮어
   완성한다.

레몬 올리브유 소스 Lemon Olive Oil Sauce

레몬즙 2큰술, 올리브유 5큰술,
다진 마늘 1작은술

꿀 1큰술, 설탕 2큰술,
식초 1큰술

참기름 1작은술, 깨소금 1큰술,
소금 약간

요구르트 이야기

세계의 장수 국가 불가리아. 불가리아 사람들은 발효유를 많이 섭취해 건강을 유지했다고 한다. 요구르트는 전 세계적으로 소비가 날로 늘고 있다. 향미가 좋은 과일 맛도 만들어졌는데 설탕 대신 올리고당을 사용하기도 하고 부족하기 쉬운 칼슘이나 비타민을 첨가하기도 한 다양한 요구르트가 개발되고 있다. 요구르트에 다량 함유한 젖산균은 장에서 비타민 B를 만들뿐만 아니라 비만 예방에도 최고이다.

요구르트는 암을 유발하는 인자를 억제하고 예방하는 효능이 뛰어 나다고 한다. 하루에 2개 정도 섭취하면 장을 튼튼하게 할 수 있다. 단백질을 함유하고 있으며 생활 습관병 예방에도 도움을 준다. 아미노산, 칼슘, 인 등을 함유하고 있으며 병원균을 막아 내는 중요한 구실을 한다.

집에서 플레인 요구르트 만들기

먼저 우유 1mL와 유산균 요구르트 250mL를 섞어서 요구르트 제조기에 넣고 8시간 경과되면 냉장고에 두고 먹을 수 있다. 여기에 딸기잼을 첨가하면 플레인 딸기 요구르트가 된다.

우유   요구르트

요구르트 제조기

★ 요구르트 제조기가 없을 경우에는 밥통에 물을 붓고 우유와 유산균 요구르트를 밀폐 용기에 담아 보온 상태의 밥통에 두고 8시간 경과하면 요구르트가 만들어 진다.

플레인 요구르트로 탱탱한 피부 만들기

플레인 요구르트는 원유(우유)로 만들었기 때문에 거친 피부에 효과적이며, 미백에도 뛰어나다. 플레인 요구르트 1통(120g)에 밀가루 1큰술(15g), 곡물가루나 미숫가루 1큰술(15g)을 넣고 잘 섞어서 얼굴에 바르고 비닐로 덮어 20분 정도 경과한 후에 미지근한 물로 깨끗이 씻어 낸다.

플레인 요구르트   밀가루   곡물가루

머리 결 윤기나게 하기

손상되기 쉬운 머리카락에 효과적이다. 샴푸 후 플레인 요구르트 한 통(120g)을 바르고 수건으로 감싼 후에 비닐로 씌워 20분 정도 지나 씻어내면 부드럽고 윤기 나는 머리 결을 유지할 수 있다.

Chapter **4**

아이들 간식용
샐러드 & 소스

성장기 아이들은 키가 쑥쑥 자라야 하지요.
키가 충분히 자라기 위해서는 성장을 촉진하는 비타민과 식이섬유 섭취가
무엇보다 중요하며 이것은 건강을 유지하는 필수 영양소입니다.
식이 섬유는 몸 속에 쌓인 노폐물을 배출하는 작용을 하는데
채소, 해조류, 과일류에 많으며
섬유질은 장을 튼튼하게 하여 성장에 도움을 줍니다.
감자, 딸기, 토마토, 오렌지, 귤, 파프리카, 당근, 시금치 등의 비타민은
반드시 음식으로 섭취해야 합니다.
의욕이 없고 쉽게 피로에 지치는 아이들에게 먹게 하세요!

수삼 샐러드 & 잣 소스

아이들은 물론 남편도 좋아하는 수삼으로 만든 보양식 수삼 샐러드로 지치지 않는 즐거운 하루를 보내세요.

만들어 보세요

1 [수삼 썰기] 수삼은 솔로 문질러 깨끗이 씻어 어슷하게 썰었다가 가지런히 놓고 가늘게 채를 썬다.

2 [키위 썰기] 키위는 작은 것으로 준비해서 껍질을 벗기고 둥근 모양으로 썬다.

3 [방울토마토 썰기] 방울토마토는 둥근 모양으로 썬다.

4 [오이 썰기] 오이는 어슷하게 썰었다가 가지런히 놓고 가늘게 채를 썬다.

5 [대추 돌려깎기] 대추는 돌려 깎아 가늘게 채를 썰고 장식용으로는 돌돌 말아서 썬다.

6 [접시에 담기] 키위를 먼저 놓고 방울토마토, 수삼, 오이, 대추를 순서대로 올리고 접시에 가지런히 담아 잣 소스를 뿌려낸다.

재 료(2인분)

수삼 3뿌리, 키위(작은 것) 2개, 방울토마토 15개, 오이 1/2개, 대추 5개

TIP

수삼 이야기

수삼은 입맛이 없고 나른하고 기운이 없을 때 최고로 손꼽히는 약초입니다. 우유와 함께 갈아 약간의 꿀을 첨가해 마셔도 좋고 물 1L에 수삼을 2뿌리 정도 넣고 은근히 달여 마셔도 좋습니다. 수삼을 편으로 썰어서 꿀에 재워 하나씩 먹으면 원기 회복에도 좋습니다.

잣 소스 Pine Nut Sauce

1 잣과 수삼은 곱게 다지고 우유, 배즙, 꿀을 섞어 잘 저어준다.

2 연겨자, 소금을 섞어 소스를 완성한다.

잣가루 2큰술, 다진 수삼 3큰술

우유 4큰술, 배즙 2큰술, 꿀 1큰술

연겨자 1작은술, 소금 1/2작은술

삼겹살 샐러드 & 땅콩버터 소스

맥주에 익혀 기름기 쪼~옥, 냄새도 쪼~옥 빠진 삼겹살과 영양부추가 만나면
참 잘 어울려요. 고기와 채소를 함께 먹어 더 맛있습니다.

만들어 보세요

1 [삼겹살 익히기] 삼겹살은 얇게 썰어 준비하고 냄비에 맥주를
넣고 끓으면 삼겹살을 2~3장씩 익혀 기름기와 잡냄새를 제
거한 뒤 먹기 좋게 자른다.

2 [양파 썰기] 양파는 둥근 모양으로 썰어 찬물에 담갔다가 물기
를 제거한다.

3 [영양부추 자르기] 영양부추는 깨끗이 씻어 5cm 길이로 자른
다. 영양부추가 없을 때에는 부추로 대신한다.

4 [당근 썰기] 당근은 5cm 길이로 잘라 가늘게 채를 썬다.

5 [대파 썰기] 대파는 5cm 길이로 자르고 반으로 갈라 가늘게
채를 썬다. 채썬 대파는 찬물에 담가 매운맛을 제거한다.

6 [고추 썰기] 붉은 고추는 송송 썬다.

7 [완성하기] 접시에 삼겹살, 양파, 영양부추, 당근, 대파, 붉은
고추를 섞어 담고, 땅콩버터 소스를 뿌려 낸다.

재료 (2인분)

삼겹살 200g, 양파 1/2개, 영양부추
30g, 당근 1/3개, 대파(흰부분) 1대,
붉은 고추 1개, 맥주 1병(500ml)

TIP

다시마국물 준비하기
물 1컵에 다시마(사방 4cm)를 한
장 넣고, 10분간 끓여 다시마국물
을 만들어 차게 식혀 준비한다.

땅콩버터 소스 Peanut Butter Sauce

땅콩버터 2큰술, 통깨 1큰술,
마요네즈 3큰술

다시마국물 5큰술,
연겨자 1작은술

소금 1/2작은술, 후추 약간

생선살 튀김 샐러드 & 달콤 소스

아이들의 필수 영양소 단백질의 대명사 흰살 생선으로 키도 쑥쑥! 힘도
쑥쑥!

만들어 보세요

1 **[동태살 밑간하기]** 동태살은 소금, 청주, 후추로 밑간한다.

2 **[튀김옷 만들기]** 생수에 달걀 노른자를 잘 풀어 튀김가루를 넣고,
   젓가락으로 톡톡 치듯이 가볍게 반죽한다.

3 **[생선살 튀기기]** 생선살에 튀김가루를 살짝 묻힌 다음 튀김옷을
   입혀 170℃에서 노릇하게 튀긴다.

4 **[양상추 씻기]** 양상추는 씻어서 한입 크기로 자른다.

5 **[치커리 씻기]** 치커리는 씻어서 물기를 제거하고 적당하게 자른다.

6 **[피망 썰기]** 붉은 피망과 푸른 피망은 가로 2cm, 세로 2cm로 썬다.

7 **[어린 새싹 씻기]** 어린 새싹은 물에 살살 흔들어 씻어 준비한다.

8 **[귤 준비하기]** 귤은 통조림을 준비해 물기를 제거한다.

9 **[완성하기]** 접시에 양상추와 치커리를 깔고 튀긴 동태살, 피망,
   어린 새싹, 귤을 골고루 담아 달콤 소스를 끼얹어 낸다.

재 료 (2인분)

동태살 200g (밑간 : 소금, 청주, 후추
약간씩 – 튀김옷 : 튀김가루 2/3컵, 생
수 2/3컵, 달걀노른자 1개 – 식용유
적당량), 양상추 2잎, 치커리 30g, 붉
은 피망 1/2개, 푸른 피망 1/2개, 어린
새싹 20g, 귤(통조림) 1/2컵

TIP

튀김을 바삭하게 하는 노하우

튀김이 눅눅 하다구요? 차가운 얼
음물에 달걀을 풀고, 튀김가루를
넣어 너무 젓지 않는 것이 좋아요.
톡톡 치듯이 반죽을 해야 하며 튀
김가루가 그냥 눈에 보이도록 반죽
을 하고 온도는 170℃가 적당해요.
온도가 낮으면 기름이 생선에 흡수
되어 눅눅해져요.

달콤 소스 Sweet Sauce

귤 통조림 국물 2큰술, 간장 2큰술

포도씨유 5큰술, 레몬즙 3큰술, 설탕 1큰술

소고기 채소말이 샐러드 & 고추 간장 소스

연한 소고기를 고르는 것이 무엇보다 중요하고, 핏물 제거도 잊지 말아야
해요. 핏물을 잘 제거해야 냄새 No, 담백한 맛 Yes!

🍀 만들어 보세요

1 **[소고기 굽기]** 소고기는 손바닥 크기의 둥근 모양으로 준비해
서 키친타월 위에 올려 핏물을 제거하고 소금, 후추, 청주로
밑간을 한 뒤 달궈진 프라이팬에 살짝 굽는다.

2 **[무순 씻기]** 무순은 물에 살살 흔들어 씻고 밑둥을 가지런히 자
른다.

3 **[사과 썰기]** 사과는 깨끗이 씻고 껍질째로 가늘게 채를 썬 뒤
설탕물이나 식촛물에 담가 갈변을 예방한다.

4 **[팽이버섯 씻기]** 팽이버섯은 봉지째로 밑둥을 잘라 내고, 봉지
에 든 채로 한 번만 씻는다.

5 **[대파 썰기]** 대파는 5cm 길이로 잘라 가늘게 채를 썰어 물에
담가 매운 맛을 제거한다.

6 **[붉은 고추 썰기]** 붉은 고추는 5cm 길이로 가늘게 채를 썬다.

7 **[소고기 말기]** 구워 놓은 소고기에 무순, 사과, 팽이버섯, 대파,
붉은 고추를 넣고 돌돌 만다.

8 **[접시에 담기]** 접시에 **7**을 담아 고추간장 소스를 곁들여 낸다.

🍓 재 료(2인분)

소고기(홍두깨살) 200g(밑간 : 소금 ·
후추 · 청주 적당량씩), 무순 30g, 사
과 1/2개, 팽이버섯 1봉지, 대파 1대,
붉은 고추 3개

● 고추 간장 소스 Red Pepper Soy Sauce

고춧가루 1큰술, 간장 1큰술,
참치 액젓 1큰술

레몬즙 1큰술, 설탕 1큰술,
꿀 1큰술

다진 마늘 1작은술,
후추 약간

호두 땅콩 샐러드 & 호두 소스

아이들의 두뇌 발달에 최고인 호두와 땅콩으로 만든 호두 땅콩 샐러드와 꼭
꼭 씹히는 고소한 땅콩 소스의 조화로운 맛! 영양도 풍부해요.

 **재 료**(2인분)

호두 1컵, 볶은 땅콩 1/2컵, 건포도
1/2컵, 양상추 3장, 치커리 30g

🍀 만들어 보세요

1 [호두 준비하기] 호두는 모양이 좋은 것으로 골라 준비한다.

2 [땅콩 껍질 제거하기] 볶은 땅콩은 껍질을 제거한다.

3 [건포도 준비하기] 건포도는 키친타올로 살살 닦아서 준비한다.

4 [양상추 씻기] 양상추는 깨끗이 씻어서 찬물에 담가 싱싱하게
　한 뒤 적당한 크기로 뜯어서 준비한다.

5 [치커리 씻기] 치커리는 깨끗이 씻어서 준비한다.

6 [접시에 담기] 접시에 양상추와 치커리를 깔고 호두, 땅콩, 건
　포도를 올려 호두 소스를 뿌려 완성한다.

　★ 견과류에 미리 소스를 뿌려 두면 눅눅해지므로 먹기 직전
　　에 뿌린다.

● 호두 소스 Walnut Sauce

1 호두와 파인애플은 씹힐 정도의 크기로 다진다.

2 파인애플(통조림) 주스를 준비한다.

3 **1**에 **2**를 넣고 꿀, 레몬즙, 소금, 다진 파프리카를 넣어 소스를 완성한다.

다진 호두 2큰술, 다진 파인애플 2큰술,
파인애플 주스 5큰술

꿀 1큰술, 레몬즙 2큰술

소금 1/2작은술,
다진 붉은 파프리카 1큰술

스팸 스크램블 에그 샐러드 & 오렌지 소스

아이들이 좋아하는 스팸으로 오늘은 샐러드를 만들어 보아요. 특별한 맛에
아이들이 반해버려요.

만들어 보세요

1 [스팸 굽기] 스팸은 캔으로 준비해서 납작하게 썰어 프라이팬
에 노릇하게 굽는다.

2 [당근 다지기] 당근은 곱게 다진다.

3 [달걀 익히기] 달걀은 그릇에 풀어 다진 당근과 약간의 소금을
넣어 프라이팬에 식용유를 두른 후 주걱으로 으깨면서 익힌다.

4 [게맛살 자르기] 게맛살은 5cm로 잘라 가늘게 찢는다.

5 [치커리 씻기] 치커리는 깨끗이 씻어 물기를 제거한다.

6 [브로콜리 데치기] 브로콜리는 가닥가닥 떼어서 씻고, 끓는 물
에 소금과 식용유를 약간 넣고 데쳐 물기를 제거하고 차게 식
힌다.

7 [그릇에 담기] 그릇에 스팸, 스크램블 에그, 맛살, 치커리, 브로
콜리를 골고루 담고 오렌지 소스를 뿌려낸다.

재료 (2인분)

스팸(캔) 1통, 당근 1/4개, 달걀 1개,
게맛살 2개, 치커리 30g, 브로콜리
30g, 소금·식용유 적당량씩

TIP

신선한 브로콜리 고르는 방법을
알아 볼까요?

브로콜리는 색이 선명해야 하며,
꽃이 피지 않은 것을 고르
는 것이 좋아요.

오렌지 소스 Orange Sauce

오렌지는 과육만 떼어서 믹서에 곱게 갈고 마요네즈,
레몬즙, 설탕, 소금을 넣고 소스를 완성한다.

오렌지 1/2개, 마요네즈 5큰술,
레몬즙 2큰술

설탕 1큰술, 소금 약간

햄 파프리카 샐러드 & 머스타드 소스

햄 파프리카 샐러드를 예쁜 그릇에 소담스럽게 담아 달콤한 머스타드 소스
를 솔솔 뿌려 공부에 지쳐 입맛을 잃어버린 아이들을 사로잡아 보세요.

만들어 보세요

1 **[햄 칼집 넣기]** 수제햄은 대각선으로 칼집을 고르게 내고 한 입
   크기로 자른다.

2 **[감자 썰기]** 감자는 껍질을 벗기고 둥근 모양으로 얇게 썰어서
   준비한다.

3 **[피망 썰기]** 붉은 피망과 푸른 피망은 가로 2cm, 세로 3cm로
   잘라 준비한다.

4 **[햄, 감자, 피망 굽기]** 그릴이 달궈지면 햄, 감자(소금간 살짝),
   피망을 굽는다.

5 **[셀러리 썰기]** 셀러리는 억센 부분을 제거하고 어슷하게 썬다.

6 **[파슬리 다지기]** 파슬리는 잎 부분만 곱게 다져 면보에 싸서 물
   에 한번 헹군 후 꼭 짜서 접시에 10분 정도 펼쳐 두었다가 사
   용한다.

7 **[접시에 담아내기]** 접시에 햄, 감자, 피망, 셀러리를 담고, 머스
   타드 소스를 뿌린 뒤 파슬리 가루를 뿌린다.

재 료(2인분)

수제햄 4개, 감자 2개, 붉은 피망 1/2
개, 푸른 피망 1/2개, 셀러리 1대, 파
슬리 1줄기

TIP

파프리카는 어떻게 먹을까요?

파프리카는 생으로 먹어도 향이
좋아요. 콩나물 잡채에 채를 썰어
서 함께 넣어도 좋고 다져서 볶음
밥에 넣어도 좋답니다. 닭가슴살을
삶아서 찢어 파프리카와 함께 샐
러드로 만들어 먹어도 훌륭하지요.
비타민 C가 풍부해
감기 예방에 효과적
입니다.

머스타드 소스 Mustard Sauce

머스타드 3큰술, 배즙 2큰술,
레몬즙 2큰술

다진 마늘 1작은술,
설탕 1큰술

꿀 1큰술, 소금 약간,
후추 약간

군만두 샐러드 & 참치액 소스

노릇노릇 군만두와 노오란 치즈의 만남! 전분을 묻혀 구운 바삭한 두부에
파릇파릇 채소를 곁들인 군만두 샐러드로 또 다른 즐거움을 느껴보세요.

 재 료 (2인분)

군만두(시판용) 10개, 두부 1/2모, 양
상추 2잎, 치커리 30g, 슬라이스 치즈
4장, 방울토마토 5개, 무순 20g, 식용
유 · 소금 · 전분 적당량씩

 만들어 보세요

1 [만두 굽기] 만두는 군만두용을 준비해서 프라이팬에 식용유를
두르고 노릇하게 구워 한 입 크기로 자른다.

2 [두부 지지기] 두부는 소금으로 밑간을 하고, 사방 2cm로 잘라
전분을 묻혀 프라이팬에 기름을 두르고 지진다.

3 [양상추 · 치커리 씻기] 양상추와 치커리는 씻어서 찬물에 담갔
다가 건져내 물기를 제거하고 한 입 크기로 자른다.

4 [치즈 자르기] 슬라이스 치즈는 사방 2cm 길이의 삼각 모양으
로 자른다.

5 [방울토마토 자르기] 방울토마토는 반으로 자른다.

6 [무순 씻기] 무순은 밑둥을 깨끗이 정리하고, 물에 살살 흔들어
씻어 물기를 제거한다.

7 [완성하기] 만두와 두부가 뜨거울 때 치즈를 올려서 접시에 담
고, 양상추, 치커리, 방울토마토, 무순을 담아 참치액 소스를
곁들여 낸다.

 TIP

**각종 채소를 베란다에서 직접 키워
볼까요?**

치커리, 상추, 고추, 셀러리 모종을
구입해서 화분에 옮겨 심고, 햇볕
이 잘 드는 곳에 두고 물도 주고
이름표도 붙여 아이들과 함께 채
소 키우는 재
미에 푹 빠져
보아요.

● **참치액 소스** Tuna Extract Sauce

참치액 2큰술, 식초 2큰술,
고춧가루 1작은술

다진 마늘 1작은술,
송송 썬 실파 1작은술

참기름 1작은술, 통깨 1작은술

연근튀김 샐러드 & 카레 소스

섬유소가 풍부한 뿌리채소 연근은 바삭바삭 씹히는 맛이 좋아요. 연근으로
색다른 샐러드를 만들어 보아요.

 재 료 (2인분)

연근 1/2개, 양파 1/2개, 키위 1개, 치
커리 50g, 토마토 1개

 만들어 보세요

1 **[연근 튀기기]** 연근은 식촛물에 담가 아린 맛을 제거하고, 둥근
   모양으로 얇게 썰어 키친타월로 물기를 없앤 후 170℃에서
   바삭하게 튀긴다.

2 **[양파 썰기]** 양파는 둥근 모양으로 썰어 가닥가닥 떼어서 찬물
   에 담가 매운 맛을 제거한 다음 물기를 뺀다.

3 **[키위 썰기]** 키위는 껍질을 벗기고 8등분 한다.

4 **[치커리 씻기]** 치커리는 씻어서 물기를 제거한다.

5 **[토마토 썰기]** 토마토는 반달 모양으로 썬다.

6 **[샐러드 완성하기]** 접시에 토마토를 돌려 담고 튀긴 연근, 양파,
   키위, 치커리를 골고루 모양 좋게 담아 카레 소스를 곁들여
   낸다.

 TIP

**토마토 하루에 2개 이상 먹으면
건강에 최고예요!**

토마토의 빨간색의 성분인 리코펜
은 각종 생활 습관병을 예방하고
항암 효과가 높아요. 토마토는 열량
이 낮아 비만의 염려가 없으며 비
타민과 미네랄이 풍부해서 피부 미
용에도 좋습니다.

 **카레 소스** Curry Sauce

카레가루 1작은술,
참치액 1큰술, 간장 1큰술

양파즙 1큰술, 다진 붉은 고추 1큰
술, 송송 썬 실파 1큰술

레몬즙 2큰술,
다진 마늘 1작은술

달걀 샐러드 & 케첩 소스

나른하고 입맛이 없다고 투정하는 내 아이에게 꼭 챙겨주고 싶은 영양가
높은 달걀 샐러드! 아이들 모두 좋아해요.

🍓 재 료(2인분)

달걀 2개(소금 약간), 양상추 2잎, 오
이피클 30g, 복숭아(통조림) 2쪽, 키
위 1개, 방울토마토 5개

🍀 만들어 보세요

1 **[달걀 삶기]** 냄비에 달걀이 잠길 정도로 물을 붓고 약간의 소금
을 첨가하여 12분 정도 완숙으로 삶는다.
  - ★ 물이 끓기 전에 물을 살살 저어 달걀을 굴려 주면 노른자
    가 중앙에 위치해 잘랐을 때 보기가 좋다.

2 **[양상추 씻기]** 양상추는 씻어서 물기를 제거하고 적당하게 뜯
어 놓는다.

3 **[오이 피클 썰기]** 오이 피클은 둥근 모양으로 썬다.

4 **[복숭아 자르기]** 복숭아는 4등분 한다.

5 **[키위 자르기]** 키위는 껍질을 벗기고 8등분 한다.

6 **[방울토마토 자르기]** 방울토마토는 4등분 한다.

7 **[접시에 담기]** 삶은 달걀, 양상추, 오이 피클, 복숭아, 키위, 방
울토마토를 골고루 유리볼에 담고 케첩 소스를 끼얹어 낸다.

🍲 TIP

신선한 달걀 고르는 방법

달걀 껍질이 두껍고 까칠까칠한 것
이 좋으며 흔들었을 때 소리가 나
지 않고 깨뜨렸을 때 노른자의 형
태가 동그랗고 확실한 것이 좋아
요. 보관할 때는 달걀의 뾰족한 부
분이 아래로 가게
보관하세요.

● **케첩 소스** Ketchup Sauce

케첩 2큰술, 마요네즈 4큰술　　레몬즙 1큰술, 꿀 1큰술　　　소금 · 후추 약간씩

딸기 샐러드 & 우유 소스

단맛이 톡 터지는 딸기와 탱글탱글 포도는 공부에 지친 아이들에게
활기를 주지요.

🍓 재 료 (2인분)

딸기 300g, 양상추 2잎, 치커리 30g,
방울토마토 5개, 포도 10개

🍀 만들어 보세요

1 **[딸기 씻기]** 딸기는 깨끗이 씻어 꼭지를 떼고 물기를 제거한 후
   반으로 자른다.

2 **[양상추 치커리 씻기]** 양상추와 치커리는 씻어서 물기를 제거하
   고 적당하게 뜯어 준비한다.

3 **[방울토마토 썰기]** 방울토마토는 2등분 한다.

4 **[포도 썰기]** 포도는 깨끗이 씻어서 2등분 한 뒤 씨를 제거한다.

5 **[그릇에 담아 완성하기]** 딸기, 양상추, 치커리, 방울토마토, 포
   도를 골고루 담고, 우유 소스를 뿌리거나 곁들여 낸다.

TIP

싱싱한 딸기 고르는 방법
꼭지가 싱싱해야 하고 잘 익고 신
선해야 하며, 과실에 광택이 나야
해요. 씻을 때 꼭지를 떼면 비타민
C의 손실이 있으므로 꼭지째 소금
물에 빠르게 씻은 후에 꼭지를 따
는 것이 좋습니다.

● 우유 소스 Milk Sauce

1 우유에 들깨가루, 마요네즈를 섞어준다.

2 레몬즙과 식초, 설탕, 소금을 넣어 소스를 완
   성한다.

우유 5큰술, 들깨가루 3큰술,
마요네즈 3큰술

레몬즙 2큰술,
식초 2큰술

설탕 2큰술, 소금 약간

121

발아 현미 이야기

요즘 대부분의 사람들이 쌀보다는 잡곡밥을 선호하고 있다. 각종 생활습관병이나 영양 보충, 건강에 대한 욕구가 증가하면서 몸에 좋은 음식에 대한 관심이 뜨거워지고 있다. 건강은 건강할 때 지켜야한다.

단연 최고의 화재는 '먹을거리' 가 되었다. 건강하게 오래 살기 위해 사람들은 유기농을 찾고 채식을 선호한다.

현미는 비타민 B, E가 풍부한 탄수화물이다. 백미보다 미네랄, 단백질 등 비타민 B군이 풍부하다. 백미는 씨눈 부분에 있는 비타민 B_1이 깎여 나가지만 현미는 그렇지 않다. 그래서 현미는 각기병 예방, 피로 회복에 효능이 있다.

현미에 있는 식물성 섬유는 대장을 자극하여 연동운동을 도와 변비에도 도움을 준다. 잘 씹어야 하므로 과식하지 않게 하며 비만 예방에도 좋다. 발아 현미는 기존 현미의 단점을 보완하기 위한 것으로 더욱 부드럽게 소화도 잘 된다.

발아 현미 집에서 기르기

① [현미 준비하기]

먼저 왕겨를 살짝 벗긴 발아율이 높은 현미를 구입한다.

② [현미 씻기]

현미는 물로 씻는데 밥을 할 때처럼 세게 문지르지 말고 살살 흔들어 3~4번 정도 씻어 쌀겨 등 발아 과정에서 부패를 유발하는 물질을 걸러낸다.

❸ 현미 물에 불리기

❸ [현미 물에 불리기]

씻은 현미는 10시간 가량 물에 불리는데 이때 물은 생수로 하는 것이 좋다.

❹ [현미 채반에 건지기]

현미가 발아 시점이 되면 약간의 거품이 생긴다. 이것을 대나무 채반에 건져 물이 빠지게 하고 빠진 물은 버리지 않고 보관하였다가 수분을 보충할 때 사용한다.

❺ [현미 따뜻하게 하기]

커다란 볼에 받아둔 생수를 넣고 대나무 채반에 건져 놓은 현미를 올리고 젖은 면보로 덮어 밥통 위에 올려 싹을 틔운다. 24시간이 지나면 싹이 나기 시작하는데 쌀쌀한 겨울에는 약간 늦춰 질 수도 있다. 싹이 2mm정도 자라면 먹을 수 있다.

❻ [발아 현미 씻기]

싹이 난 현미는 물에 2번 정도 살살 씻어 냉장 보관해서 사용하면 된다.

❼ [현미밥 짓기]

발아 현미는 백미처럼 부드러우므로 백미와 같은 방법으로 밥을 짓는 것이 좋다. 압력솥이 아닌 일반 밥솥이 좋고 압력밥솥일 경우에는 백미로 취사하는 것이 좋다.

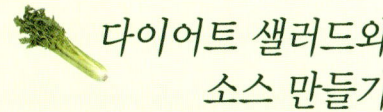

다이어트 샐러드와
소스 만들기

2006년 8월 25일 1판 1쇄
2012년 5월 25일 1판 7쇄

저자 : 배태자
펴낸이 : 남상호

펴낸곳 : 도서출판 예신
www.yesin.co.kr

140-896 서울시 용산구 효창원로 64길 6
대표전화 : 704-4233, 팩스 : 335-1986
등록번호 : 제03-01365호(2002. 4. 18)

값 12,000원

ISBN : 978-89-5649-043-4

그릇협찬

도예공방 가마뫼

E-mail : doga622@hanmail.net   Tel : 031-256-7245